관계

하나님, 저는 관계가 너무 힘들어요

관계

김일환 지음

규장

일러두기

이 책을 읽는다고 그대의 인생이 바뀌지는 않을 것입니다. 그러나 이 책을 읽으며 나만큼은 그대가 바뀌어 있길 기도해봅니다. 읽고 싶은 순서대로 읽으십시오. 모든 것은 그대 뜻대로입니다. 그러나 곧 그분 뜻대로 읽힐 것입니다. 그것이 그분의 순서입니다.

이 책의 특정한 반점, 온점, 따옴표, 〈 〉, _의 사용은 저자 강조임을 밝힙니다.

관계의 변화를 갈망하는,
그.대.에.게.

—

지독하게 저를 괴롭혔던, 사람들이 있습니다. 저의
적들입니다. 그 적들의 목표는 무엇이었을까요? 그건 저
를 혼.자.로 만드는 것이었습니다. 외롭고 서럽고 초라한
공.간.에 저를 가두는 것이었습니다. 생각해보면 저의 역사
에는, 언제나 그런 사람들이 서리같이 존재합니다. 정녕,
신기합니다. 그들은 어떻게 저를 알아보는 걸까요. 그런 적
들은 하나님이 보낸 사람들일까요? 사탄이 보낸 사람들일
까요? 그러나 정의를 내리는 건, 저의 역할이 아닙니다. 가
장 시리고 괴로웠던 공간에서, 스스로에게 물었습니다.

'정녕, 이곳은 광야인가_'

　광야. 그 아득하고 푸르른 곳에서, 서 있습니다. 그곳
에서 정체성도, 꿈도, 길도, 친구라고 생각했던 모든 사람
도 잃었습니다. 광야의 날들은 멈추지 않고, 사나운 아가리
를 열어 추격합니다. 그 누구도 눈길조차 주지 않지만, 온
세상이 저의 수치를 찾는 것 같은 그런 날들이 있었습니다.
한계를 다해서 여기까지 왔지만, 여기서부터 시작점을 생
각하는 어떤 이들 때문에, 일어날 수 없는 날들이 있었습니
다. 운다고 달라지는 것은 없지만, 달리 할 수 있는 것이 우
는 것밖에 없는 날들이 있었습니다. 육신으로 서 있지만,
보여지는 것은 앙상한 그림자뿐입니다. 그 그림자엔 '슬
픔', '아픔', '고픔'이라는 세 결핍이 삼위일체로 공존합니
다. 이 세 '픔'은 저마다의 품계를 지닙니다. '슬픔'이라는
축축한 물기, '아픔'이라는 명료한 통각, '고픔'이라는 허기
진 느낌들. 그 사이사이에 헤아릴 수 없는 투명한 어둠은,
마음의 공간을 비추는 불온한 조명입니다. 조명에서 나오

6

는 풍성한 빛은, 마른 뼈를 녹이고 마음의 연골을 열렸습니다. 그 공간에서 환희에 찬 절망으로 깨달은 한 가지. 결국 나는 혼자라는 한 가지. 나를 혼자로 만들어버린 건, 사탄의 역사일까요? 하나님의 사역일까요? 이번에도 정의를 내리는 건, 저의 역할이 아닙니다. 다만, 광야에선 질문이 바뀌었습니다.

'나는 누구인가'

'이웃은 누구인가'

'하나님은 누구인가'

빙하기에 갇혀 있는 굴절은, 여린 새순을 닮아 있는 질문에 도달하게 합니다. 그 질문에 하루는 목놓아 울고, 하루는 목잡아 웁니다. 노래가 만들어지는 과정인지, 애가가 불려지는 과정인지는 모르겠습니다. 의미와 음계를 계수할 수 없는 소리가, 광야에 외치는 소리라고 후대에 불려집니다. 그러나 그 광야의 소리를 차가운 포옹으로 안고 있는 투명한 어둠이, 사실은 가장 반가운 빛으로 다가오는 계시임을 발견합니다. 그 계시의 빛에 빙하의 혈관은 녹아내리고, 투명한 어둠은 적막의 언덕에서 산란합니다. 드디어 사망의 권세를 덮고 있는 광야를 열어보니, 썩은 무덤 아래 있는 바위. 그 바위 아래 있는 작은 돌멩이. 그리고 그 아래 있는 온갖 썩어 있는 알갱이들이, 죽음이 아니었습니다. 그건 현존하는 세상을 창조하고 구부러트리고 펼치고 휘어버리시는 전능자의 중력重力이자, 오래된 새 길이었습니다. 먼저 그 길을 발견한 하갈은, 광야 샘 곁에서, 술 길 샘물 곁에서, 하나님의 이름을 지어줍니다. 이름이 없던 하나님은, 그제야 이름을 얻습니다. '그는 나를 살피시는 하나님이라'(창 16:13).

—

'살피시는 하나님'은, 광야에 있는 모퉁이 돌, 황야

8

에 있는 건축자들이 버린 돌멩이에서 만날 수 있습니다(시 118:22). 그 하나님은 사람들에게 싫어 버린 바 된 돌멩이에서, 에덴을 회복하십니다. 그 에덴은, 이리와 어린양이 함께 거하며, 표범과 어린 염소가 함께 누우며, 젖 먹는 아이가 독사의 구멍에서 장난해도 해됨도, 상함도 없습니다. 그 돌멩이가 모인 거룩한 산에는 물이 바다를 덮음같이, 여호와를 아는 지식이 충만합니다(사 11:9). 그러니 사람들에게 싫어 버린 바 되어도, 광야의 모퉁이 돌엔, 새날이 있습니다.

비록 나의 새날에 누구도 관심 갖지 않지만, 온 세상에서 나만이 의미를 새기는 새날도 있습니다. 다시 시작하는 날도 있습니다. 나의 시작에 누구도 눈길 주지 않지만, 겨울 대지를 뚫고 봄을 알리는 봄꽃과 같이, 나만이 시작하는 날도 있습니다. 결국, 새로워지는 날도 있습니다. 나보다 앞에 가시는 분이, 광야에 강이 흐르게 하고 사막에 꽃이 피게 하고 적막을 빛으로 비추시는 신비로운 날도 있습니다. 한계가 있는 나와 함께하시는, 한계가 없는 그분도 있습니다. 운다고 달라지는 것은 없지만, 내 눈물을 보시는 하나님도 있습니다.

—

관계의 변화를 갈망하는, 애정하는 그대에게. 그러니 그대가 관계 변화의 입구에서 숙명같이 인식해야 할 것은 '하나님의 공간'입니다. 그 공간에서 '나와 나'의 관계, '나와 이웃'의 관계, '나와 하나님'의 관계가 왜 위대한 하나님의 공.간.인지 깨달아야 합니다. 여전히 유효한 가장 위대한 성경의 진리는, 마음과 목숨과 뜻을 다하여, 유일하신 하나님을 사랑하는 것과 내 이웃을 내 몸과 같이 사랑하는 것입니다. 이것이 온 율법과 선지자의 강령입니다. 모든 선지자들은 여기서부터, 시작했습니다. 무너진 것과, 부러진 것과, 가루가 된 것과, 없어진 것들에 대해서 말입니다. 이 책은 그런 이야기들이 있습니다. 그러니 그대에게 위로를 전합니다.

그대의 신앙은 선지자들같이 비범해질 수 있고,
모든 선지자들의 신앙은 그대처럼 괴로워했습니다

—

세상에서 가장 사랑하는 어머니와 아버지, 그리고 형
님에게 먼저 고마움을 전합니다. 사역자로서 걸음을 알려
주신 송천웅 목사님, 설교자로서 걸음을 알려주신 임채
영 목사님, 무엇보다 살아있는 신학의 문법을 지도해주신
박영식 교수님께 감사를 전합니다. 책으로서 잉태의 빛을
보게 도와주신 규장 출판사의 여진구 대표님과 편집팀에
감사를 표현합니다.

내 모든 삶에 존재하는 '우리가본교회' 식구들에게 감
사를 전합니다. 담임전도사로서 여전히 부끄럽지만, 저에
게 서시序詩를 알려준 이들입니다. 부족한 전도사를 아껴주
고 응원해주는 사랑하는 용식, 지원에게 특별한 고마움을
전합니다. 그리고 나를 진심으로 미워했던, 친애하는 적들
에게도 고마움을 전합니다. 나는 그들로 인하여 새롭게 태

어날 수 있었습니다.

　끝으로 나의 아내 해라와 나의 딸 미소에게 머리 숙여
감사를 전합니다. 해라와 미소는 내가 꿈꾸는 그곳이자, 살
아갈 이유를 준 유일한 존재입니다.

　　　　　　　　　　　　　　　　　　　　　　　　김일환

예수께서 이르시되

네 마음을 다하고

목숨을 다하고

뜻을 다하여

주 너의 하나님을 사랑하라 하셨으니

이것이 크고 첫째 되는 계명이요

둘째도 그와 같으니

네 이웃을 네 자신같이 사랑하라 하셨으니

이 두 계명이 온 율법과 선지자의 강령이니라

마태복음 22장 37-40절

1

부

정답에 관하여

　　그대가 어떤 기대감으로 이 책을 펼쳤을지 눈에 보입니다. 단정을 하는 것은 아닙니다. 그러나 아마도 그대는 '관계'에 대해서 매우 힘들어하는 사람일 것입니다. 그대는 언제나 관계에 기대를 가지고 있지만, 그것이 생각처럼 쉽게 되지 않을 것입니다. 더 나아가 그대가 맺는 관계는 언제나 불안하며, 힘겨우며, 무엇보다 그대가 주인공은 아닐 것입니다. 그래서 때로는 어떤 사람들을 부러워하기도 하고, 또 미워하기도 합니다. 그대는 그 냉정과 열정 사이에 있는 공간에서 자신에 대한 한없는 실망감을 느낄 것입니다. 여기에 '이성'의 문제까지 겹치면 더욱 그렇게 보입니다. 자기 자신이 한없이 바보 같아 보이고, 가치 없어 보이죠. 여기에 '직장'의 문제까지 겹치면 더욱 색채가 진해집니다. 자기 자신은 한없이 무능해 보이고, 못나 보이게 됩니다. 빛나는 어떤 사람들을 보면 더욱 그렇습니다. 그대의 깊은 한숨이 여기까지 들립니다. 고요한 바다에나 던질 그런 한숨들 말입니다.

그러나 결론적으로 말해보죠. '정답'은 없습니다. 더 나아가 관계에 대한 '법칙'도 없습니다. 이것이 이 책을 통틀어서 제가 해주고 싶은 대답입니다. 무엇보다 이 책을 읽어도 그대에게 어떤 드라마틱한 변화는 없을 것입니다. 그 이유는 이 책도 그대가 찾는 '정답'은 아니기 때문입니다. 그대를 힘들게 하는 관계, 그대가 부러워하는 관계, 더 나아가 그대가 주인공이 되지 못하는 관계는, 그대의 역사에서 여전히 동일하게 유지될 것입니다. 그럼 이 책은 필요 없는 책일까요? 아닙니다. 그러나 그대는 이 책을 통해서, 단 한 가지는 변할 것입니다. 그건, 그대에게 주어진 것들을 대하는 '태도'입니다. 그리고 그 태도의 변화는, 나를 둘러싸고 있는 모든 시선과 관계를 뛰어넘어 '자신의 길'을 걷게 할 것입니다. 제가 감히, 이것 하나만큼은 장담해봅니다.

이 책을 쓰는 이유

이런 질문이 참으로 이상하지만, 저는 이런 책을 왜 쓰는 걸까요? 그대는 아마 이렇게 생각할지 모르겠습니다.

저자가 관계에 대해서 탁월하기에?

관계에 대한 탁월한 지식을 가지고 있어서?

저자가 누군가에게 〈관계〉라는 것을

가르칠 수 있을 정도로 인간관계를 잘 맺으니까?

아닙니다. 전혀 아닙니다. 저는 아마 이 책을 읽는 그대보다 더 많이 관계에 어려움을 겪을 것입니다. 저는 관계에 탁월하거나, 충만한 경험적 지식을 가지고 있거나, 확실한 어떤 법칙을 알고 있는 사람이 아닙니다. 저는 여전히 어떤 그룹에서는 '왕따'입니다. 저는 관계에 있어서 자주 소외됨을 경험하며, 무엇보다 관계의 중심에 있는 사람도 아닙니다. 확실하고 정확한 의미에서, 저는 관계의 실패자입니다. 그렇습니다. 저에겐 자격이 없습니다. 그러면 저는 이 책을 왜 쓰는 걸까요? 그 모든 질문에 대해서 이렇게 말하고 싶습니다.

그대가 성경에서 보는 예수님도, 열두 제자도, 바울도, '인간관계'라는 관점에서는 모두 실패한 사람들입니다. 예수님 같은 고결한 인격이 어디 있을까요? 그러나 그분은 언제나 어디서나 미움을 받았고, 오해를 받았고, 핍박을 받았습니다. 심지어 자신이 가장 아끼는 열두 제자들에게 배신까지 당했습니다. 세상에 이런 실패자가 어디 있을까요?

나

바울도 마찬가지입니다. 바울만큼 신앙과 신학이 조화가 된 사람이 어디 있을까요? 바울만큼 모험적이며 헌신적인 사람이 어디 있을까요? 진정 바울은 전설에나 나올 법한 사람입니다. 그러나 '관계'라는 관점에서 볼 때, 그만큼 실패자도 없습니다. 바울은 죽을 때까지 혼자였습니다. 더나아가 구약에 나온 하나님의 사람들도 마찬가지입니다.

이 세상에서 '성공적'이라는 이미지는 단순한 권력의 쟁취가 아닙니다. 그것을 넘어서 관계의 쟁취를 담보하고 있습니다. 페이스북과 인스타의 수많은 '좋아요'를 보십시오. 인플루언서의 행보들을 보십시오. '성공적'이라는 것은 팔로우follow를 담보하는 것입니다. 그죠? 그런데 성경에 나온 하나님의 사람들은, 이상하리만큼 이런 것들에 관심이 없습니다. 그들이 관계의 소중함을 몰라서 그런 걸까요? 아닙니다. 그들에게도 관계는 중요했습니다. 그 시대에도 관계는 언제나 중요한 영역입니다. 그런데 왜 하나님의 사람들은 모두 관계에 집중하지 않았을까요? 그렇다면 그대가 모르고 있는, 진정 중요한 다른 세계도 있는 것 아닐까요?

예수님은 '관계'를 어떻게 이해하신 걸까요? 예수님은 관계의 철저한 실패 속에서 무엇을 보여주고 싶었던 걸까요? 결론적으로 말하면 두 가지입니다. 첫 번째는 상대적 관계와 절대적 관계를 구분하는 것입니다. 예수님은 이 부분에 대해서 탁월했습니다. 그리고 상대적인 모든 관계에 대해서는 그 어떤 에너지도 쓰지 않으셨습니다. 두 번째는 인간관계에서 정말 중요한 것은, 결국 '자신의 길을 걷는 것'이라는 지점이죠. 예수님이 십자가로 가는 여정을 봅시다. 그분은 관계로 인해서 매이지 않습니다. 그분은 언제나 자신의 길을 걸어갑니다. 마지막에 철저하게 버림을 받아도 말이죠.

그렇기에 저 역시 이런 말을 하고 싶습니다. 분명 저는 관계의 실패자입니다. 저를 둘러싼 그 모든 어려운 관계, 괴로운 관계, 힘겨운 관계, 외로운 관계들이 여전히 생생합니다. 그러나 저는 실패한 관계의 총체들을 품에 안고 자신의 길을 걸어가는 사람입니다. 그것만큼은 제가 정확히 말할 수 있습니다. 제 삶의 내력엔 그런 흔적들이 있습니다. 저는 이 책을 통해서, 관계 이상의 것을 보여주고 싶습니다. 그것은 '자신의 길'을 걷는 것입니다. 그리고 이 책을 씀으로 말미암아, 저를 미워했던 친애하는 적들에게, "고맙다"라고 푸석한 먼지를 닮은 말을 전해주고 싶습니다. 그들로 인해서 오늘의 나는 이 자리에 있으니까요. 그것이 제가 이 책을 쓰는 이유입니다.

그렇기에 끝으로 이런 말을 한번 더 해봅니다. 그대가

나

이 책을 읽어도 그대에게 어떤 드라마틱한 변화는 없을 것입니다. 그 이유는 이 책도 그대가 찾는 정답은 아니기 때문입니다. 그대를 힘들게 하는 관계, 그대가 부러워하는 관계, 더 나아가 그대가 주인공이 되지 못하는 관계는, 그대의 역사에서 여전히 동일하게 유지될 것입니다. 그러나 그대는 이 책을 통해서, 단 한 가지는 변할 것입니다. 그건, 그대에게 주어진 것들을 대하는 '태도'입니다. 그 태도는 관계를 뛰어넘어 '자신의 길'을 걷게 할 것입니다. 그것 하나만큼은 장담해봅니다. 그리고 그대는 곧 알게 될 것입니다. 그것이 승리라는 것을요. 더 나아가 예수님도 그렇게 사셨다는 것을요.

관계의 구성 요소

그대와 저는 지구 같은 차이점을 가지고 있습니다. 우린 서로 성격, 성별, 나이, 학력, 장점, 단점, 강점, 약점, 특기, 취미 등등이 다릅니다. 조건과 환경이라고 부르는 모든 것들이 다를 것입니다. 그러나 동시에 우주 같은 공통점을 가지고 있습니다. 그건 바로 '그리스도인'이라는 지점입니다. 그것이 우리를 한 형제요, 한 자매요, 한 가족이라고 말해줍니다. 진실로 진실로 이 관계적 명칭은 위대합니다. 그렇기에 우리의 우주 같은 공통점인 '그리스도인'이라는 지점부터 시작해봅시다.

그리스도인들의 '관계'는 어떤 요소들이 있을까요? 사실 이 부분을 아주 다양하게 표현할 수 있습니다. 왜냐하면 상당히 복잡하기 때문입니다. 서로의 직업, 서로의 성향, 서로의 사회적 자리, 서로의 역할이 다르기 때문입니다. 그러나 중요한 것은, 그것의 모양이 아무리 다양하더라도 그대가 그리스도인인 이상 그리스도인의 관계는 세 가지로만 구분할 수 있습니다.

나와 나의 관계

나와 이웃과의 관계

나와 하나님과의 관계

성경은 이 세 가지 방향의 관계가, 그대가 이루고 있는 온 우주적인 관계라는 것을 증거합니다. 그래서 예수님은 이런 말씀을 하시죠.

예수께서 이르시되

나

네 마음을 다하고 목숨을 다하고 뜻을 다하여

주 너의 하나님을 사랑하라 하셨으니

이것이 크고 첫째 되는 계명이요

둘째도 그와 같으니

네 이웃을 네 자신같이 사랑하라 하셨으니

이 두 계명이 온 율법과 선지자의 강령이니라

마태복음 22장 37-40절

예수님은 제자들에게 율법의 완성을 이야기합니다. 그것은 하나님 사랑과 이웃 사랑입니다. 그리고 그것의 주체가 되는 사람은 '나'입니다. 즉, 한 개인의 '사랑의 완성'이 율법의 요구인 것입니다. 그것이 온 선지자의 요구였던 것이죠. 그러나 이 말씀을 조금 다른 각도에서도 살펴볼 필요가 있습니다. 그것은 '사랑의 방향'입니다. 예수님은 한 개인의 '사랑의 완성'을 '사랑의 방향'으로 제시합니다. 그것은 관계의 방향입니다. '하나님'과 '이웃'이라는 관계의 방향입니다. 그렇기에 이 두 존재를 어떻게 사랑할 것인가보다 더 중요한 질문은 다음과 같습니다.

'나는 이 두 존재(하나님과 이웃)와 어떤 관계를 맺고 있나'

이 모든 것들은, 그대가 있는 그 자리에서 증명이 됩니다. 그러나 참으로 슬픈 현주소는, 그대가 아무리 좋은 신앙을 가지고 있고, 좋은 생각을 가지고 있고, 좋은 인격을 가지고 있고, 더 나아가 탁월한 외모를 가지고 있어도, 우리 그리스도인들은 생각보다 이 두 존재(하나님과 이웃)와 관계를 맺지 않는다는 사실입니다. 아니, 이 두 존재(하나님과 이웃)에 관심도 주지 않습니다. 더 나아가 이 두 존재(하나님과 이웃)를 사랑하지도 않습니다. 왜 그럴까요? 그대가 이런 '관계의 신앙'에 대해서 깊게 배우지 못했기 때문입니다. 그대가 신앙이라는 이름으로 배운 것은 오직 '나'에 관한 것들뿐입니다. 나의 욕망, 나의 욕구, 나의 비전, 나의 꿈, 나의 원함들에 관한 것뿐입니다. 그대가 신앙이라는 이름으로 배운 것들은 모두, 나의 역사에서 내가 원하는 것들을 차곡차곡 채우는 것뿐입니다. 그대가 신앙이라고 부르는 것들은 오직, 이런 문법들입니다. 물론, 그대는 저에게 이런 말을 할 수 있습니다.

지금 제가 '성급한 일반화의 오류'를 범하고 있다고.
저자의 이야기는 극단적인 논리들이라고.

물론, 그럴 수 있습니다. 아니요, 차라리 제가 오해하

나

는 것이었으면 좋겠습니다. 그래서 저는 저의 오류라고 시원하게 인정하고 깍듯하게 사과하고 싶습니다. 그러나 그대도 완전히 부정하지 못할 것입니다. 그대가 그 오랜 시간 교회를 다니면서, '관계의 신앙'에 대해서 배우지 못했다는 것을. 더 나아가 신앙의 참된 방향이 '하나님'과 '이웃'에 관한 추구점들이라는 것을. 그대는 이 영역에 있어서 아주 구체적으로 배우지는 못했을 것입니다. 아무리 생각해도 그대가 배운 신앙은, 그대를 강화하는 것들뿐일 것입니다. 결국 자신이 괴물이 되는지도 모르고, 거울을 보면서 이런 질문을 하고 있는지도 모르겠습니다. '거울아, 거울아, 이 세상에서 누가 제일 예쁘니?' 돌아오는 대답은, 그대가 어떤 사람인지를 증명해줄 뿐입니다.

사귐의 신앙

위르겐 몰트만(Jürgen Moltmann)[1]은 삼위일체의 신앙을 '사귐의 신앙'이라고 표현합니다. 몰트만은 이것이 기독교 신앙의 핵심 코어core라고 이야기를 합니다. 그 이유는 삼

---

1 위르겐 몰트만(Jürgen Moltmann, 1926년 4월 8일~)은 독일의 개신교 신학자이다. 현재 튀빙엔 대학교 신학대학 명예 교수로 있으며 에베하르드 융엘, 볼프하르트 판넨베르크와 더불어 20세기 후반 대표적인 독일 개신교 조직신학자 중 한 명으로 꼽힌다.

위일체의 하나님은 서로에게 종속되지 않으며, 상호간의 협력으로 존재하는 신이기 때문입니다. 그것을 헬라어로 '페리코레시스'(περιχώρησις)로 설명합니다. 어려운 말이죠? 그러나 중요하기에 조금 쉽게 표현해보려 합니다. 페리코레시스(περιχώρησις)는 둘레를 의미하는 '페리'(περι)와 주위를 맴돌며 춤을 춘다는 뜻을 지닌 '코레시스'(χώρησις)의 합성어입니다. 즉, '상호 공재', '상호 침투'가 그 형태의 가장 적절한 표현일 것입니다. 그리고 이것이 삼위일체 하나님의 중요한 존재 방식이며 작동 방식인 것이죠. 그 방식은 서로 사귀는 것입니다. 몰트만은 기독교 신앙의 핵심을 '사귐'으로 본 것입니다. 그리고 그 '사귐'이라는 방식은 하나님과 이웃을 향해야 하는, 개인의 역할입니다. 그리고 그것과 그곳이, 우리가 추구해야 하는 신앙이 발현되는 자리일 것입니다.

그러나 아무리 쉽게 설명해도, 이런 말들은 어려운 말입니다. 그쵸? 못 알아듣는 말일 것입니다. 확실히 그렇죠? 온통 어려운 표현들입니다. 위르겐 몰트만이 사람인지, 물건인지도 모르겠고, 가게 이름인지도 모르겠습니다. 또 상호 공재, 상호 침투, 페리(περι)와 코레시스(χώρησις)의 뜻이 어떤 것인지 이해하기도 어렵습니다. 그쵸?

그러나 아무리 어렵다고 해서 버릴 이야기가 아닙니

나

다. 한 번쯤은 진지하게 생각해야 할 영역입니다. 기독교 신앙에는 그런 영역이 아주 많습니다. 그런데 요즘의 기독교가 그리는 풍경은 참으로 아련합니다. 그리스도인들은 도무지 사고하기를 싫어합니다. 정확하게 구체적으로 무엇을 이해하려 하지 않습니다. '검색'은 있어도 '사색'이 없는 시대입니다. 그렇기에 시인들이 자리를 잃어버립니다. 선지자의 외침은 거세를 당하고, 영혼의 노래는 외면을 당합니다. 대부분 '언뜻' 모든 것들을 파악하려 하기만 합니다. '느낌'만 강조합니다. 결국 남는 것은 자극적인 것들, 직관적인 것들뿐입니다.

어느덧 기독교는 고민하고, 사색하고, 괴로워하고, 사유하는 씨름들을 버립니다. 그것이 시대의 행태이고 그것이 그대의 작태입니다. 사실 그래서 얼마나 슬픈지 모르겠습니다. '신앙'이라는 세계는, 온 이성과 온 체력과 온 존재를 다해 연구해야 하는 영역인데, 모두 진지함을 싫어합니다. 그것을 낡고 진부한 것이라고 여기죠.

이런 영역에 관해서 11세기 신학자 캔터베리의 안셀름 Anselm of Canterbury은 다음과 같은 말을 했습니다. "참된 신앙은 '이해를 추구하는 신앙'fides quaerens intellectum이다." 그리고 그는 역설적이지만, '이해하기 위해서 믿음을 추구해야 하는 신앙'credo ut intelligam의 내력도 말했습니다. 그는 왜 이런 말을 했을까요? 그것은 신앙의 참된 요소를 모두 설명한 것입니다. 그것은 '이성과 믿음'입니다. 그리고 이 것은 서로 적대 관계에 있는 것이 아니라, 상호 관계에 있 는 것이죠. 그러나 너무 안타까운 것은, 오늘날 조국 시대 는 이런 이해를 추구하는 신앙을 버렸습니다. 직관적이지 못하다는 이유로, 사변적이라는 이유로, 트렌디하지 못하 다는 이유로 버립니다. 그리고 어렵다는 이유로 짓밟습니 다. 다시 한번 강조합니다. 분명 '사귐'의 신앙은 어려운 이 야기이지만, 어렵다고 버릴 이야기가 아닙니다. 이것에 관 해서 조금 더 깊게 이야기를 해보도록 하겠습니다.

삼위일체 하나님이 존재하는 방식은 '사귐'입니다. 그 분이 이 땅에서 역사하시는 방식도 '사귐'입니다. 하나님은 사귐을 통해서 모든 것들을 더 알아가십니다. 그분은 당신 이 세상을 창조했다고 해서, 이 세상에 관하여 대기업 회장 처럼 다루지 않으십니다. 또 술주정뱅이처럼 이 세상을 다 루지도 않습니다. 혹은 군인처럼 이 세상을 통제하지도 않 습니다. 사실 이 지점이 놀라운 것입니다. 그분은 이 세상 을 창조하셨지만, 이 세상에 있는 모든 것들과 '호흡'하며, '대화'하며, '함께'하십니다. 즉, 그분은 이 세상의 모든 것 들과 때로는 천천히, 때로는 깊이 있게, '사귐'을 나누고 계 십니다. 그것이 삼위일체 하나님이 존재하는 방식입니다.

그렇기에 신앙이 인생에게 요구하는 것도 '사귐'입니다. 예수님은 그 방향에 대하여 분명하게 신앙을 가지고 있는 당신의 사람들에게 요구했습니다. '하나님'과 '이웃'에 관한 '사귐'이, 온 율법의 요구와 선지자의 강령이라고 정리하셨습니다. 그것이 신앙의 참된 방향이라는 것이죠. 그리고 예수님도 그 땅에 계실 때에, 그대에게 보여준 모든 내력은, '하나님'과 '이웃'에 관한 '사귐'입니다. 신앙은 단순히 율법의 요구에 응하거나, 자신의 욕망을 강화하는 것에만 쓰는 도구가 아닌 것입니다. 그리고 무엇보다 중요한 것은, 오늘날 이 땅을 살고 있는 그대에게도 이것에 대해서 아주 무거운 무게감을 요구한다는 것이죠. 그러니 그대에게 단백하게 묻습니다.

신앙이 있는 그대는 무엇과 사귀고 있나요?
그리고
무엇부터 사귀어야 할까요?

나

그대가 가장 먼저 사귀어야 할 관계는 '나'입니다. 순서에 관하여 예민한 분들은, 저의 말이 틀린 문법이라 하겠지만, 이것은 중요한 사실입니다. 태초에 하나님은, 하나님을 창조하지 않으셨습니다. 하나님은 이웃을 창조하지 않으셨습니다. 하나님이 가장 먼저 창조한 것은 '나'입니다. 그래서 아주 정확한 의미에서 하나님은 처음 인간을 '혼자'로 창조하신 것입니다. 그렇기에 조금 깊이 있게 말해주고 싶은 것이 있습니다. 만약, 그대가 '혼자'라고 하더라도, 그것이 불안하거나, 불화하거나, 불리한 것은 아닙니다. 더 나아가 그대가 인생을 잘못 살거나, 인생에 실패한 것은 더더욱 아닙니다. 성경에는 은근히 혼자인 사람들이 많이 있습니다. 다시 한번 강조하거니와 태초에 하나님은 아담을 '혼자' 창조하셨습니다.[2]

자신을 가치 없게 여기는 사람들은, '나'라는 존재를 고유하게 보지 않습니다. 자신을 사랑하지 않는 사람들은 '나'를 사랑하는 법을 모릅니다. 더불어 이 땅에 가장 나쁜 가르침은, '나'를 고유한 존재로 여기게 하지 않는 가르침입니다. 무엇보다 이 땅에 가장 나쁜 관계는, '나'의 고유함을 말살시키는 관계입니다. 여기서 저의 말을 오해해서는 안 됩니다. 저는 지금 이기주의자가 되라는 소리가 아닙니다. 또 개인주의자가 되라는 소리는 더더욱 아닙니다. 그리

---

2 김일환, 《혼자》, 규장(2020)을 보십시오. 아주 구체적으로 나와 있습니다.

스도인의 모든 사귐에 있어서 '나와 나'의 관계가 가장 중요하다는 것을 말하는 것입니다. 그건 정말 중요합니다. 왜냐하면 하나님은 당신의 그 엄청난 능력으로 '나'를 창조하셨기 때문입니다. 그것은 고민할 가치도 없는 가장 위대한, 가치입니다. 그래서 하나님은 감히 이런 말을 하셨죠.

> 하나님이 이르시되
> 우리의 형상을 따라 우리의 모양대로
> 우리가 사람을 만들고
> 그들로 바다의 물고기와 하늘의 새와
> 가축과 온 땅과 땅에 기는 모든 것을
> 다스리게 하자 하시고
>
> 창세기 1장 26절

거울 보기

아주 이상한 요구지만, 저는 그대가 참으로 진지하게 거울을 보기를 추천합니다. 물론 응당 사람이라면, 세안할 때, 화장할 때, 옷 입을 때, 거울을 매일 보겠죠? 그러나 이런 물리적인 의미에서 거울을 보는 것은, 타인의 눈에 비추인 나의 표면을 보기 위해서일 것입니다. 지금 제가 말하는 진지한 거울 보기는 그런 것이 아닙니다. 하나님의 형상과 질료를 가진 '나'라는 고유한 존재가, 어떤 존재인지를 보기 위해서 거울을 봅시다.

지난 수십 년을 살아온 그대의 얼굴과 몸을 천천히 봅시다. 그런 거울 보기를 할 때, 분명 여러 생각이 들 것입니다. 또 보기 싫을 수도 있습니다. 타조의 회피 본능처럼, 자신의 머리를 바닥에 처박는 행위를 할 수도 있겠죠. 그러나 절대로 회피하지 말고 천천히 그대의 얼굴과 몸을 봅시다. 그대와 내가 우주적인 공통점으로 묶여 있는 그리스도인이라면, 분명 거울 속에 비친 그대는 하나님의 형상과 질료를 담은 존재입니다.

그대의 모습은 어떤가요? 그대의 존재는 어떤가요? 사실 고맙지 않습니까? 눈물 나게 기특하지 않습니까? 또 엄청나게 자랑스럽지 않습니까? 그 모진 시간을 살아온 그대의 존재가, 그대의 이름이.

그리고 천천히 나를 만드시고, 나에게 당신의 생기를 불어 넣어주신 그분의 시선으로 나를 봅시다. 그분은 그대의 지문, 심장, 장기, 눈알, 피와 조직, 뼈뿐만 아니라 그대가 인생이라고 부르는 모든 것들을 창조하셨습니다. 그분의 시선에서 그대를 봅시다. 그대는 정말 사랑스러운 존재입니다. 또 정말 정말 완벽한 존재입니다. 무엇보다 너무나 아름다운 존재이지요. 그런데, 그대는 그것을 잘 모릅니다.

　세상의 시린 세상 읽기는 '나'라는 존재를 내가 가지고 있는 소유로 점수를 매깁니다. 그리고 '나'라는 가치를 무엇을 할 수 있는지, 조건절로 점수를 매깁니다. 그래서 '~을' 하면 더 인정해주고 칭찬해주고 사랑해줍니다. 그런 방식에 길들여진 그대는 신앙생활도 이렇게 접근합니다. 하나님 앞에서 조건 절을 세웁니다. '~을' 한다면 하나님이 나를 인정해주고, 칭찬해주고, 사랑해준다, 라고 생각하죠. 그러나 기독교의 위대함과 우아함은 이런 조건절에 있는 것이 아닙니다. 하나님은 그대의 존재 자체를 사랑하십니다.

　'나와 나'의 관계를 생각할 때 그대가 정말 잊어버리기 쉬운 감각은 '나'라는 존재의 무게감입니다. 나는 그 자체로 사랑받기에 충분한 사람입니다. 적어도 그대와 내가 우주 같은 공통점인 '그리스도인'이라면, 우리는 이 사실을 복음으로 믿는 것입니다. 특별하게 무엇을 하지 않아도 사랑하시고, 어색하게 감정을 속여 견디지 않아도, 하나님은 그대를 온 마음을 다해 사랑하십니다. 이것이 얼마나 위대하고 우아한 사실입니까. 그리스도인의 자존감은 여기에서부터 시작하는 것입니다. 나를 사랑하는 법도 여기에서부터 시작하는 것입니다.

　오늘도 이 세상은 그대가 많은 것이 부족하다고 합니

다. 그것이 외모든, 몸매든, 경력이든, 스펙이든, 돈이든 말입니다. 그래서 결국 그대가 이미 충분한 '나'라는 존재라는 사실을 망각하게 함으로써, 꽤 불쌍하고 쓸쓸한 '혼자'라고 이야기해줍니다. 그러나 하나님은 이미 충분하다고 합니다. 어떤 조건절을 갖추지 않아도, 혹 그 조건절로 하나님 앞에 서지 않아도 말입니다. 그대는 '혼자'가 아닌 하나님과 함께 있는 '나'라고 말해줍니다. 어떤 소리에 귀를 기울일지는 그대의 선택입니다. 하지만 어떤 것을 선택했는지에 따라 결과는 상당한 차이가 있습니다.

그렇다면 그대는 이쯤에서 날카로운 의문이 들 것입니다. 대충 이런 것들일 것입니다.

"내가 그렇게 소중한 존재라고?
그럼 나는 아무것도 안 해도 되겠군?"
"가만히 있어도 내가 그렇게 사랑받기에 충분한 존재라면,
나는 정말 가만히만 있어도 되는 것 아닌가?"

살짝 두 가지 의문만 적어보았지만, 이런 의문점과 연계해서 많은 질문들이 생길 것입니다. 그러나 그대도 저도 알고 있습니다. 그것이 아니라는 것을요. 저의 논지는 그대의 존재와 그대의 인생을 어떤 조건들과 소유들로 대하지

나

말자는 것입니다. 더 나아가 그대도 타인을 그렇게 대해서는 안 됩니다: 대신 이렇게 생각할 수 있습니다. 그렇게 위대한 존재로 창조받은 나, 그렇게 소중한 존재로 창조받은 존재가 나인데, 그런 내가 아무것도 안 하면 그것이 가장 비참한 것 아닐까요?

그대는 위대한 스포츠맨들을 알고 있습니다. 요즘엔 축구선수 손흥민 씨가 대세죠. 손흥민 선수의 플레이를 보고 있노라면, 대한민국 사람들은 물론이거니와 외국의 선수들, 외국의 축구 팬들도 모두 놀랍니다. '저런 공격력, 저런 체력, 저런 스피드를 가진 선수가 어떻게 갑자기 등장했을까?' 이런 생각을 합니다. 더 나아가 그가 가진 그 엄청난 능력을 단순히 '재능'이라고만 생각하는 경향도 있는 것 같습니다. 그러나 그의 아버지가 쓴 《모든 것은 기본에서 시작한다》(수오서재)라는 책에 보면, 그는 오히려 재능이 없는 사람임을 알 수 있습니다. 오히려 그는 노력에 노력을 더해서 만들어진 사람입니다. 더 냉정하게 말해서, 노력하지 않았다면, 연습하지 않았다면, 애쓰지 않았다면, 더 나아가 자기 자신을 믿어주지 않았다면 그는 아주 평범한 청년이었을 것입니다. 손흥민 선수의 외모와 키로만 판단한다면, 대한민국의 언제 어디서든 볼 수 있는 2,30대 청년일 것이 확실합니다. 분명 손흥민 선수는 자신의 가능성을 초

극대화하며 탄생한 작품입니다.

하나님을 모르는 사람도 '나와 나'의 관계에 대해 이러한데, 하나님을 알고 있는 그대는 어떻게 해야 할까요? 사실 가장 비참한 지점은 여기에서 발생합니다. 그대는 믿고 있기에, 믿음이 있기에, 가장 게으른 사람인지도 모르겠습니다. 마치 한 달란트를 받은 사람이 아무것도 하지 않고 땅에 숨겨둔 것처럼요.

'나'라는 존재는 분명 그 자체로서 소중하고 완벽하고 너무 존귀합니다. 그러나 그렇더라도 그것이 모든 것을 대변해주지는 않습니다. 나라는 존재는 반드시 성장해야 합니다. 그.분.이. 원.하.시.는. 만큼, 그리고 내.가. 원.하.는. 만큼 성장해야 합니다. 이것이 정말 중요합니다. 이것에 관해서는 조금 뒤에 아주 구체적으로 다루어보겠습니다.

그리스도인의 가장 큰 계명

그리스도인의 가장 큰 계명은 무엇일까요? 그대는 이런 말을 들으면 어떤 것이 생각이 납니까? 주일성수, 십일조, 봉사와 헌신, 혹은 구제? 여러 가지가 있을 것입니다. 저 개인적인 생각으로는 오늘날에도 '가장 큰 계명'이라는 신학적 담론은 유효한 담론이라고 생각합니다. 그 이유는

'가장 큰 계명'이라는 한계 범위는, 그리스도인에게 절대 법을 요구할 것이기 때문입니다. 요즘같이 그리스도인의 망아지 같은 모습들을 보면, 율법의 기능이 필요하다는 생각이 듭니다. 율법은 분명 순기능이 있습니다. '가장 큰 계명'이라는 절대 법에는, 반드시 유효한 기능이 있을 것입니다. 그러나 또 반대로 가장 뜨거운 논쟁거리가 되겠죠. 그래서 그것을 쉽게 정의할 수 없는 것입니다.

예수님 시대에도 마찬가지입니다. '율법 자체'와 '율법을 해석'하는 사이에는 상당한 거리감이 있습니다. 그 거리감에는 수많은 쟁론들이 있었을 것입니다. 하나의 절대 기준을 세우면, 다른 하위법들이 그 기준과 부합될 것이기 때문입니다. 즉, 모든 요구를 만족시킬 수 있는 가장 큰 계명은, 어쩌면 공허한 말장난이 될 수도 있는 것이죠. 아 다르고 어 다르다는 우리나라 속담처럼요. 더 나아가 당시 율법이라고 말할 수 있는 것들은, 모세의 613가지, 이사야의 6개(사 33:15-16), 미가의 3개(미 6:8), 아모스의 1개(암 5:4), 하박국의 1개(합 2:4)까지 포함된 것입니다. 이 중에서 '가장 큰 계명'이 무엇인지를 논하는 것은 쉽게 접근할 수 있는 성격이 아닙니다. 더 나아가 쉽게 대답할 수 있는 것도 아닌 것이죠.

한 율법학자도 이것을 모를 리가 없습니다. 그는 확실

한 어떤 의도를 가지고 예수님을 시험하려고 시비를 겁니다. 이 어려운 부분을 콕 찍어서 가지고 옵니다.

> 그 중의 한 율법사가 예수를 시험하여 묻되
> 선생님 율법 중에서 어느 계명이 크니이까
>
> 마태복음 22장 35-36절

본문에 나오는 '시험하다'라는 헬라어는 '페이라조'(πειραξω)입니다. 이 단어는 비교적 단순한 뜻입니다. 우리가 알고 있는 "유혹하다, 의심하다, 분별해보다"의 뜻이 있습니다. 즉, 이 단어는 어떤 확실한 의도를 가지고 사용하는 단어라는 것입니다. 그렇다면 율법학자가 사용했을 그 의도란 무엇일까요? 그건, 예수님의 권위를 깨뜨리는 것입니다. 율법학자는 상당히 의도적으로 이 장치를 꾸몄습니다. 본문의 배경을 다 설명하지 못하지만, 지금 예수님은 어떤 광장에 있습니다. 즉, 수많은 사람들이 예수님의 대답을 주목하고 있는 것입니다. 더 나아가 율법학자는, 이것이 정답을 맞출 수 없는 매뉴얼이라는 것을 분명 알았을 것입니다. 이 분야에 정통한 사람이니까요. 그래서 그는, 감히 한 문장으로 답할 수 없는 질문을 비판의 도마 위에 올려놓습니다. "율법 중에서 어느 계명이 가장 큽니까?"

나

그런데 예수님은 의외로 아주 쉽게 대답을 합니다. 마치 기다리고 있었다는 듯이, 준비되어 있는 답을 막힘없이 합니다.

예수께서 이르시되
네 마음을 다하고 목숨을 다하고 뜻을 다하여
주 너의 하나님을 사랑하라 하셨으니
이것이 크고 첫째 되는 계명이요
둘째도 그와 같으니
네 이웃을 네 자신같이 사랑하라 하셨으니
이 두 계명이 온 율법과 선지자의 강령이니라

마태복음 22장 37-40절

예수님은 당시 유대인들이 하루에 두 번씩 암송하는 '쉐마'(들으라)에서 자신의 대답을 가지고 오십니다. 즉, 이 구절은 모든 사람들이 아주 익숙하게 알고 있는 구절인 것이죠. 분명 로고스 자체이신 예수님은 아주 다른 방식, 다른 형태로도, '가장 큰 계명'을 표현할 수 있으셨을 것입니다. 그러나 예수님은 모든 사람들이 가장 익숙하게 알고 있는 그 지점을 다시 복원시킵니다. 마치 이스라엘의 가장 위대한 진리는, 언제나 너희 곁에 있었다는 것을 일깨워주는 것처럼 말이죠. 예수님의 지혜는 이 지점에서 아름답고 온화하게 빛납니다.

그런데 여기서 조금 깊게 생각할 부분이 있습니다. 그것은 '하나님을 사랑하는 방법'입니다. 이 구절은 신명기 6장 5절을 인용한 것입니다. 신명기 법을 깊게 살펴보면, 이 구절의 방점은 '하나님 사랑'에 있습니다. 그러나 예수님이 율법학자에게 대답하실 때 이 구절의 방점은 조금 다른 곳에 있습니다. 그것은 "네 마음을 다하고 목숨을 다하고 뜻을 다하라"의 강조점입니다. 즉, 인간의 존재적 요소인, '마음, 목숨, 뜻'을 강조합니다. 쉽게 이야기하면, 하나님을 사랑하는 주체가 '인간의 존재 자체'임을 나타낸 것입니다. 그렇다면 인간의 존재 자체가 무엇일까요? 그것은 '나와 나'의 관계 요소입니다. 즉, 그 '나와 나'의 관계에서 온전한 사람이 하나님을 사랑할 수 있음을 말합니다.

하나님을 사랑한다는 이유로

그대가 하나님을 사랑한다면, 한 가지 사실을 잊어서는 안 됩니다. 그것은 하나님을 사랑한다는 이유로, 그대에게 주어진 모든 것들을 함부로 해서는 안 된다는 점입니다. 예수님도 이 지점에 대해서 날카롭게 비판하십니다.

나

또 이르시되 너희가 너희 전통을 지키려고

하나님의 계명을 잘 저버리는도다

모세는 네 부모를 공경하라 하고

또 아버지나 어머니를 모욕하는 자는

죽임을 당하리라 하였거늘

너희는 이르되 사람이 아버지에게나 어머니에게나 말하기를

내가 드려 유익하게 할 것이 고르반

곧 하나님께 드림이 되었다고 하기만 하면 그만이라 하고

자기 아버지나 어머니에게

다시 아무 것도 하여 드리기를 허락하지 아니하여

너희가 전한 전통으로 하나님의 말씀을 폐하며

또 이 같은 일을 많이 행하느니라 하시고

마가복음 7장 9-13절

예수님은 당시 시대에 유행이었던, 괴상한 신앙의 사
조를 비판합니다. 그것은 고르반Corban입니다. 이는 "헌물,
제물"이라는 비교적 단순한 뜻입니다. 그러나 당시의 바리
새인들은 이 계명과 행위 자체를 중시합니다. 이 계명과 행
위가 어떤 뜻을 내포하는지, 왜 만들어졌는지를 깊게 고려
하지 않습니다. 바리새인들은 성경의 표면적 문자를 삶의
모양으로 박음질합니다. 그래서 고르반이란 말로 맹세한

경우, 그것이 부모 부양에 필요한 것일지라도 취소를 인정하지 않았습니다. 그리고 이 맹세는 쉽게 악용되어 부모에 대한 의무를 게을리하게 되는 좋은 핑계가 되었습니다. 실제로 '미쉬나'[3]를 보면 후기 유대교에서 고르반이라는 이름으로, 그들의 연로한 부모를 부양할 책임을 회피하였습니다. 교묘하게 다른 방법으로 자신의 재산을 지킨 것입니다.

어설픈 마음으로 고르반의 맹세를 생각해보면, 이것만큼 철저한 신앙의 행위가 없습니다. 하나님을 사랑하기에, 하나님의 계명을 지키기 위해서, 자신의 부모마저 낮추는 것이니까요. 그러나 예수님은 이것을 가르쳐 '하나님을 사랑하는 방법' 혹은 '하나님의 계명을 지키는 방법'이라고 말하지 않습니다. 오히려 이렇게 행하는 바리새인들을 비판할 뿐입니다. 그 이유는, 이 계명을 주신 하나님의 뜻을 온전히 이해하지 못했기 때문입니다. 그대에게 중요한 말을 하고 싶습니다. 예수님의 지적처럼, 하나님을 사랑한다는 이유로 모든 것이 허용되지는 않습니다.

가장 큰 계명의 첫 번째인 "네 마음을 다하고 목숨을

---

3 미쉬나(משנה, 반복하다)는 기원후 200년쯤에 예후다 하나시(יהודה הנשיא / "유다 대표")에 의해 정착되었으며, 유대인의 구전 토라를 기록한 것으로 최초의 것이다. 바리새파에 의해 주도되었으며, 서기 70년에서 200년 사이로 추정되는 랍비 현자들의 모임인 탄나임의 토론을 담고 있다.

다하고 뜻을 다하여" 하나님을 사랑하라는 뜻도 동일합니
다. 아니 그 의도도 동일합니다. 하나님을 사랑하기에 가
장 먼저 깊게 고려되어야 할 존재론적 의미는, '나와 나의
관계'입니다. 나와 나의 관계가 건강하지 않거나, 함몰되어
있거나, 타락해 있거나, 망가져 있는 상태에서, 하나님을
사랑할 수 없습니다. 더 적나라하게 말해서 그대의 마음을
다하고, 목숨을 다하고, 뜻을 다할 정도로, '나와 나'의 관
계가 건강해야 합니다. 그래야만 '하나님 사랑'이라는 가장
큰 계명이 시작되고 완성되는 것입니다. 하나님 사랑이라
는 것은, 구슬픈 노래 가사에 심취하듯, 애절한 소설에 감
정이 몰입되듯 하는 영역인 아닌 것입니다. 가장 생생한 마
음과 목숨과 뜻을 다할 수 있을 정도의 건강하고 아름답고
힘이 있는, '나와 나'의 관계에서 찾아야 하는 의미입니다.
그러니 아주 위대한 적용을 해봅니다.

결국

그리고

그래서

그런데

그러니까

그러므로

그대가 '나와 나'의 관계에 진실되지 못하다면, 그대가 하나님을 사랑한다는 것도 모두 거짓이고 착각인 것입니다. 다 뻥입니다. 단지 혼을 담은 구라일 뿐입니다.

이웃을 사랑하는 방법

가장 큰 계명의 논쟁을 조금 더 이야기해봅니다. 이 논쟁은 분명 쉽지 않습니다. 그래서 예수님도 이 질문에 한 문장으로 대답할 수 없었습니다. 예수님은 두 문장을 한 문장으로 이어서 이야기합니다. 첫 번째는 '하나님을 사랑하는 것', 두 번째도 그와 같으니, '네 이웃을 사랑하는 것'입니다. 더 나아가 이 계명이 '온 율법과 선지자의 강령'이라고 합니다. 예수님은 정말 멋지게 대답하셨습니다.

그런데 이것에 관하여 조금 더 깊어져봅시다. 이 예수님의 가르침은 단순히 좋은 경구警句가 아니니까요. 진실로 진실로 성경에서 요구하는 가장 큰 요구이자 중요한 요구입니다. 또 이 요구는 어느 정도 절대성을 가지고 있습니다. 그렇기에 이 요구에는, 가장 큰 축복이 숨어 있을 것이 분명합니다. 감히 말하거니와 그 축복은 '하나님과 이웃'을 모두 나의 관계 안에서 충만하게 누리는 것입니다. 그건 어느 것으로 비교할 수 없을 정도로 가장 큰 축복인지 모릅니다. 다시 한번 감히 말하거니와, 돈과 명예와 권력 같은 문법이 아닌 것입니다. 이런 것들은 모두 모래로 지은 성에 불과합니다. 바람이 불거나 비가 내리면 모두 무너지게 되어 있죠. 성경은 이런 것을 무너뜨릴 수 없는 절대적 강력이라고 말하지 않습니다.

그러나 나의 관계 안에서 하나님과 이웃을 '축복'으로 누리는 사람은 다릅니다. 어떤 의미에서 그들은 천하를 얻은 것입니다. 생각해보면, 하나님께 복을 받는 사람들에게는 이런 공통점이 있습니다. 나의 관계인 '하나님과 이웃'이, 나의 모든 상황 속에서 미리 돕고, 먼저 예비하고, 위급하고 열악한 모든 시간에 넉넉한 얼굴로 은혜의 선물을 가지고 옵니다. 그리고 결국 나의 발을 사슴과 같게 하사 가장 행복하게 하시는 것이죠.

이 계명은 그리스도인에게 어떤 시간에도 가장 큰 계명입니다. 그렇기에 한 번 더 진지해져봅니다. 예수님은 그 큰 계명을 지키는 방법을 무엇으로 이야기하셨을까요? 결론적으로 예수님은 그 방법을 "네 자신과 같이 사랑하라"로 이야기한 것입니다.

네 자신과 같이

　가장 큰 계명인 두 번째는 '이웃에 관한 사랑'입니다. 역시 그대에게 묻습니다. 이웃을 사랑한다는 의미가 무엇일까요? 어떻게 이웃을 사랑하는 것이 올바른 방법일까요? 그것 역시 예수님은 이 한마디 대답으로 일축합니다. 그대가 '그대 자신'을 사랑하듯 하는 것입니다. 그렇다면 중요한 정리를 해봅니다. 그대와 그대 자신이란 어떤 것일까요? 이것을 어떻게 사랑하는 것일까요?

　본문에서 나오는 '네 자신'은 헬라어로 '세아우트'입니다. 이게 참 귀한 단어입니다. 이것은 단순한 몸이 아닙니다. 보통 헬라어에서 몸, 육신은 '사륵스'를 사용합니다. 물리적인 단어로 육체입니다. 그러나 '세아우트'는 '네 자신', '네 존재'입니다. 즉 예수님은 '나와 내 자신', '나와 내 존재'의 관계를 사랑하듯, 하나님과 이웃을 사랑하라고 하는 것입니다. 만약 그대가 '그대 자신'을 사랑하는 방법을 탁월하게 익혔다면, 성경에서 요구하는 가장 큰 율법을 지킬 수 있다고, 예수님은 말합니다. 쉽게 정리합니다. 하나님을 사랑하고, 이웃을 사랑하는 주체는 그대입니다. 그리고 그 방법은 그대가 가장 일차적으로 관계를 맺은 그대의 존재, 그대 자신, 즉, '나와 나'의 관계로 실현하는 것입니다.

　그러므로 그리스도인의 '나와 나'의 관계에서 가장 중

요한 영역은, 내가 나를 사랑하는 행위입니다. 모든 순간에, 모든 시간에, 바른 방법으로 나를 사랑해주는 것이 중요합니다. 왜냐하면 참된 신앙의 표현, 참된 신앙의 승화, 참된 신앙의 기적은 거기에서부터 시작되기 때문입니다.

네 자신과 같이 '사랑하라'

질문으로부터 시작합니다.

'그렇다면 내가 나의 몸을 사랑하는 방법은 무엇일까요?'
'내가 나 자신을 사랑하는 방법은 무엇일까요?'

이 질문은 참으로 심오한 질문이며, 유효한 의문입니다. 그 이유는 이 세상 사람들도 모두 자기 자신을 사랑하기 때문입니다. 모두 자기 자신을 사랑하고 아끼고 위하는 마음으로 돈을 벌고, 밥을 먹고, 술을 마십니다. 더 나아가 돈을 쓰고, 밥을 사고, 술을 사기도 하죠. 즉, 공급의 형태이든, 소비의 형태이든, 사람은 필연적으로 자기 자신을 사랑하게 되어 있습니다. 짐승 같은 정욕으로 날뛰는 사람들의 추태도 모두 자기 자신을 사랑하는 행위입니다. 악랄한 사기꾼 같은 사람들의 악함도 모두 자기 자신을 사랑하는 행위죠.

그러니, 깊어져봅시다. 예수님은 과연 이런 방법론으로 그대에게 '네가 네 자신을 사랑하듯'을 말한 것일까요? 그 방법론으로 하나님과 이웃과 관계를 맺으며, 사랑하라고 한 것일까요? 결코, 그렇지 않습니다.

그대는 그리스도인으로서 '나와 나'의 관계에 대해서 깊이 있는 가르침을 받아본 적이 없습니다. 그대는 그리스도인으로서 '나'를 사랑하는 방법을 배운 적이 없습니다. 그렇기에, 그대는 그대의 인생을 채찍질하고, 함부로 대하며, 방치하고 있습니다.

기독교 역사에서 아주 잘못된 오용과 남용, 모순의 시간이 있었습니다. 신학적인 입장 때문에 그 역사적 시간을 특정지어서 말하고 싶지는 않습니다. 그러나 그 시대의 잘못된 경건의 방법으로, 당시의 사람들은 자신을 학대했고, 무지막지하게 금욕했고, 사신의 육체를 저주했습니다. 또 타인을 마녀사냥이라는 이름으로, 살인까지 서슴지 않았습니다. 하나님이 주신 육체와 욕구를 이 땅의 악한 것으로 여겨서, 모든 것들을 천하게 여기기도 했죠. 그리고 중요한 지점은, 그 시대 기독교 역사의 전유물로 인해, 우리는 하나님 안에서 '나'를 사랑하는 법도, 가꾸는 법도, 소중하게 다루는 법도 배우지 못했습니다. 오직 나를 가장 쉽고 빠르고 편하게 학대할 뿐입니다. 지금도 그렇습니다.

그러나 잊지 맙시다. 하나님은 '나'를 사랑하십니다. 더 나아가 '내가 내 자신을 사랑하는 방법'으로 하나님과 이웃을 섬기기 원합니다. 그렇기에 가장 중요한 것은 '나와 나'의 관계를 맺는 법입니다. 이 지점은 실로 위대한 지점입니다. 만약 그대가 '나와 나'의 관계는 불편한데, '나와 이웃'과의 관계나 '나와 하나님'과의 관계는 편하고 좋다고 생각한다면, 스스로 가짜임을 증명하는 것입니다.

나와 나

그렇다면 '나와 나'는 어떻게 관계를 맺어야 하는 것일까요? 그리스도인이라면, 이 영역에 관해서 표준전과와 같은 정답을 가지고 있습니다. 그것은 '경건의 요소'입니다. 예배, 성경 읽기, 기도하기, 또 기독교 서적 읽기입니다. 여기에 관해서 다르고 다양하게 표현하더라도 아마 이 정도 범위일 것입니다. 왜 그럴까요? 그대는 조국 교회를 통해서 '경건의 요소'밖에 배우지 못했기 때문입니다. 조국 교회는 모든 시간 속에서 '경건의 요소'를 지극한 정성을 담아 강조합니다. 그리고 이것으로 그리스도인으로서 겪는 모든 문제에 관해서 답을 하려고 합니다. 그러나 과연 그리스도인의 경건성이 모든 것에 답을 해줄 수 있을까요? 조금 위험한 발언이긴 하지만, 예배와 설교가, 말씀과 기도가, 그리고 기독교 서적이 그대 삶의 모든 '연속성'에 답을 해줄 수 있을까요? 저는 단호하게 아니라고 생각합니다.

너무나 슬픈 것은 그리스도인들은 '대답'에 관하여 배우지 못했습니다. 그리스도인으로서 '대응'에 대해여 배우지 못했습니다. 무엇보다 '대결'에 대해서도 배우지 못했고, '대치'도 배우지 못했습니다. 그리스도인들은 이 세상을 살아가는 사람들인데, 매주 교회살이에 관해서만 배웁니다. 그래서 성장하지 못하고, 성숙하지 못합니다. 더 나아가 세상으로부터 그리스도의 영광을 성취하지도 못합니다.

'나와 나' 자신과 관계를 맺는 부분도 그렇습니다. 이런 이야기를 하면 모두 경건의 요소에 대해서만 생각할 것입니다. 말씀을 보고, 기도를 하고, 경건서적을 읽고, 예배를 드리고 등등. 물론 이런 영역에 틀린 말이 어디 있겠습니까. 또 기독교인으로서 이런 경건성의 요소와 수단에 대해서 반대할 사람이 어디 있겠습니까. 그러나 폄하하는 것은 아니지만, 이 모든 '경건'의 행위는 모두 의자라는 것에 앉아서 하는 행위입니다. 세상은 앉을 시간도 없이 모두 서 있는데 말이죠. 세상은 서 있는 것도 모자라 달리고 있는데 말이죠. 아니 뛰고 있고 날아다니고 있는데 말이죠. 서 있고 달리고 뛰고 나는 세상 속에서 나는 오직 앉아 있는 법만 배우는 것입니다. 그러니 하나님이 창조하신 '나'와 이세상을 살아가는 '나'와 어지간한 거리감이 생기는 법입니다. 조금만 객관적으로 자신을 보십시오. 성경의 '나'와 지금의 '나' 사이에 너무 큰 괴리감이 있다는 사실을 깨닫게될 것입니다. 그렇기에 저는 이 책의 서두에서 '관계'를 논하며 '생각하는 신앙'을 강조했습니다. '탐구하는 신학'에대해서 이야기를 했습니다. 왜냐하면 어떤 모양이든 관계는 법칙의 문제가 아니라, 성숙의 문제이기 때문입니다.

그렇다면 '나와 나' 자신은 어떻게 관계를 맺어야 하는걸까요? 성경은 여기에 대해서 무엇이라고 말하는 걸까요? 이것을 진지하게 논하기 위해서는, 성경 한두 구절로, 모든것을 이야기하는 습관을 버려야 합니다. 또 성경 속 한두명의 인물로, 모든 것을 대변하려고 하는 관습도 버려야 합니다. 오히려 성경 전체에서 인간에게 요구하시는 그분의'요청'에 대해서 심도 깊게 살펴보아야 합니다.

실험

글을 읽으며 천천히 사유해봅시다. 사색하고 씨름해봅시다. 그래야 볼 것들이 열리는 법이니까요.

하나님은 세상을 창조하셨고 인간을 창조하셨습니다. 인간을 창조하신 이후로부터 하나님은 인간을 방관하지 않으셨습니다. 그 인간과 관계를 맺으셨습니다. 그러나 그분이 인간과 관계를 맺는 것은, 그대가 생각하는 방식으로 관계를 맺은 것이 아니었습니다. 사장과 직원처럼 '복종'이라는 것을 관계로 말하지 않으셨습니다. 적당한 기호로 뭉친, '거리감'이라는 것을 관계로 말하지 않으셨습니다. 말하지 않아도, 나의 모든 것을 아는 '우정과 사랑'을 닮은 것으로 관계를 말하지 않으셨습니다. 그분이 인간에게 제시한 방법은, '실험'입니다.

> 하나님이 그들에게 복을 주시며 하나님이 그들에게 이르시되
> 생육하고 번성하여 땅에 충만하라,
> 땅을 정복하라, 바다의 물고기와 하늘의 새와
> 땅에 움직이는 모든 생물을 다스리라 하시니라
>
> 창세기 1장 28절

이 작은 한 구절에 그분이 인간에게 요구하시는 관계 맺는 방식이 보입니다. 하나님은 인간에게 당신이 창조하신 모든 세계에 대해서 생육하고, 번성하고, 땅에 충만하고, 땅을 정복하고, 모든 생물을 다스리라고 이야기하십니

나

다. 분명 이 말씀은, 관점에 따라서 다를 것입니다. 군인의 눈에, 이 표현은 전쟁에 관한 소리같이 들릴 것입니다. 정치인의 눈에, 이 표현은 정치에 관한 소리같이 들릴 것입니다. 육아를 하는 어머니들에게, 이 표현은 육아를 향한 메시지같이 들릴 것이고, 취업을 준비하는 이들에게, 이 표현은 취업을 향한 소리같이 들릴 것입니다. 그러니까 이 말씀은 코에 걸면 코걸이, 귀에 걸면 귀걸이일까요? 아닙니다. 그러니까 이 말씀은 참으로 신비한 말씀입니다. 마치 레오나르도 다빈치의 대표작인 '모나리자'의 시선같이, 모든 각도에서 자신을 옹호해주는 말씀입니다.

그렇다면 왜 하나님은 최초의 인간에게 이런 말씀을 하셨을까요? 무슨 의도로 이런 말씀을 하셨을까요? 단순히 아담과 하와가 처한 환경에서, 먹고 마시고 입고 누리는 영역 때문에, 이런 말씀을 하셨을까요? 물론 그럴 수도 있겠습니다.

그러나 깊게 생각해봅시다. 태초에 인간은 도대체 어떤 방법으로 생육, 번성, 충만, 정복, 다스림이라는 개념을 알 수 있었을까요? 아니, 그 영역을 어떻게 접근할 수 있었을까요? 아니, 그 영역을 어떻게 생각해볼 수 있었을까요?

그것은 오직 한 가지를 통과하지 않고서는 불가능합니다. 바로 '실험'입니다. 하나님은 최초의 인간에게, 당신이 만들어놓으신 모든 세계를 실험하게 하셨을 것입니다. 그 실험의 과정에서 '생육', '번성', '충만', '정복', '다스림'이 무엇인지를 개념화할 수 있었고, 생각해볼 수 있었으며, 체험해볼 수 있었을 것입니다. 그 실험을 통해서, 하나님이 누구인지, 이 세상이 무엇인지를 알아갔을 것입니다. 무엇보다 그 실험을 통해서 '인간'이라는 존재가 무엇이고 어떠한 것인지를 깨달았을 것입니다. 그리고 하나님은 인간에게 그런 총체적인 실험 과정을 겪게 하심으로 말미암아, 인간과 관계를 맺으시는 것입니다.

하나님은 인간의 존재를 '아담'(אדם)으로 창조하셨습니다. 그 아담이 무엇일까요? 사람의 이름일까요? 물론 고유명사로서 사람의 이름일 수도 있습니다. 그러나 이 아담(אדם)에는 다른 뜻도 있습니다. 그것은 "흙, 땅"입니다. 하나님이 태초에 인간의 이름을 '흙', '땅'으로 지으셨다는 점은, 실로 위대한 지점들을 깨닫게 해줍니다. 이것은 진정 많은 것들을 생각해볼 수 있는 것입니다. 그것은 어떤 것일까요?

그대는 "인간은 흙이다"라는 명제에 동의할 것입니다. 이 말은 성경뿐만 아니라, 모든 시대에 인간의 존재성existence과 정체성identity을 논할 때 쓰는 방법론입니다. 무엇을 의미하는 것일까요? 그것은 인간의 유한성finitude입

나

니다. 인간의 유한함을 이야기할 때, 인간의 존재성과 정체성을 말하면서 인간을 '흙'에 비유합니다. 그러나 그렇게만 표현하는 것이 하나님께서 인간을 아담(אדם)으로 지으신 모든 이유일까요? 아닙니다. 결코 아닙니다. 오히려 인간을 흙으로 빚으시는 천지창조의 기사를 보게 되면, 그 흙의 위대성에 대해서 깊게 생각해볼 수 있습니다. 천지창조의 모든 아름다운 것들이 그 흙으로 말미암아 생겨난 것이죠. 과실, 식물, 나무, 풀뿐만 아니라 기어다니고 날아다니는 모든 것들도 그 기반을 흙(אדם)에 두신 것입니다. 즉, 창세기를 보면, '흙'이란 분명 존재의 유한함을 말하지만, 동시에 그 '흙' 안에 하나님의 섭리, 하나님의 은혜, 하나님의 계시가 임할 때는 가장 아름다운 것들을 창조해내는 것입니다. 가장 하나님을 닮은 것들을 만들어내는 것입니다. 그것은 태초부터 오늘날까지 유장한 강물처럼 흘러 우리 가운데 전수되는 것들입니다.

그대가 '나'와 '나 자신'을 대하는 방식도 동일합니다. 분명 그대는 흙과 같은 약한 존재입니다. 잘게 부서지고 으스러뜨려지는 존재입니다. 바위 같지 않아 자주 상하고, 돌멩이 같지 않아 자주 터지는 존재입니다. 그렇기에 확실한 의미에서 그대는 유한합니다. 그래서 그대는 자주 생각하죠.

'난 안 돼'

'난 못해'

'난 여기까지야'

'내가 항상 그렇지 뭐_'

'어차피 난 이 정도밖에 안 될 텐데_'

그러나 그대여 깊게 생각해봅시다. 하나님은 그대에
게, 그런 유한성을 일깨워주기 위해서 그대를 '흙'으로 부
르셨겠습니까? 하나님은 그대가 형편없고, 루저loser이고,
아무것도 할 수 없는 찐따 같은 존재라는 것을 일깨워주기
위해서, 그대를 '흙'으로 부르셨을까요? 전혀 아닙니다. 절
대 아닙니다. 아니, 이 정도 강조로 부족하죠.

실로

진정

절대로

진실로

참으로

바야흐로

최선을 다해서

마음을 다해서

나

온 힘을 다해서

그런 게 아.닙.니.다.

위대한 나

하나님이 인간의 존재를 흙으로 부르신 이유, 아니 그대의 존재를 흙으로 부르신 이유는 오히려 그대의 인생에 하나님의 것들이 심길 때, 가장 아름답고 위대한 것들이 탄생할 수 있기 때문입니다. 가장 거룩하고 고결한 것들이 탄생하기 때문입니다. 태초에 하나님이 땅에 베푸신 은혜를 기억하십시오. 그곳에서 하나님은, 가장 하나님 닮은 것들을 시작하신 것입니다.

아주 정확한 의미에서 그대의 인생도 마찬가지입니다. 무엇인가를 시작할 때 그대는 많은 것들을 고려할 것입니다. 그대의 나이, 그대의 성별, 그대의 전공, 그대의 부모, 그대의 친구, 그리고 그대의 특기와 특징이라고 불리는 모든 것들입니다. 그것들을 다 고려했다면, 그대는 그 일 자체에 대한 객관적 탐색을 합니다. 그 일이 어떤 일인지, 그것에 어떤 사회적 가치가 있는지, 그 일이 어떤 방향을 가지고 있는지, 그 일이 나에게 맞는지, 무엇보다 그 일로 인해서 나는 무엇을 얻게 되는지, 또 무엇을 잃게 되는지 말입니다. 그리고 그 기준은 언제나 '돈'이 되겠죠. 결국 수많은 것들을 고려하지만, 돈에 관한 것을 생각할 뿐입니다. 다시 한번 강조하지만, 이런 고려들은 분명 상식적인 것입니다.

그러나 동시에 여기에 심각한 지점도 있습니다. 하나님이 그대에게 어떤 일을 명령하셨을 때에도 그대는 줄곧 이런 지점들을 생각합니다. 상식이라는 이름으로, 합리성이라는 이름으로 말이죠. 그래서 그대는 결국 아무것도 하지 못합니다. 아니, 그대에게 유익이 되거나, 그대가 할 수 있는 일이 아니라는 판단이 들면 아무것도 안 하는 것이죠. 감히 하나님의 명령, 하나님의 음성, 하나님의 뜻이라도 말입니다. 그것을 포기합니다. 그래서 그대는 결국 아름다워지기를 포기합니다. 또 위대해지기를 포기합니다. 그대는 결코 하나님의 말씀을 '실험'하지 않습니다. 나 자신의 가능성을 '실험'하지 않습니다.

상식이라는 잣대로, 합리라는 잣대로 그대는 그대 앞에 있는 수많은 것들을 고려합니다. 그런 고려들은 꽤 똑똑해 보이지만, 아주 반푼이 같은 판단입니다. 반쪽짜리 눈만 가지고 있는 아주 외눈박이 같은 판단입니다. 왜 그럴까요? 그대의 판단으로 말미암아, 결국 하나님의 가능성, 하나님의 위대성, 하나님의 무한함을 보지 못하기 때문입니다. 그대에게 주어진 인생이라는 땅은, 결국 그렇게 굳어가는 것입니다. 딱 한 달란트 받은 사람의 땅처럼요.

그대의 주변에 그런 사람들이 참 많이 있습니다. 자신이 가장 똑똑하다고 판단해서, 하나님의 말씀임에도 불구하고 안 믿는 사람들. 자신이 가장 위대하다고 생각해서, 하나님의 기준임에도 불구하고 꺾어버리는 사람들. 그들은 언제나 자신의 성향과 상황을 판단하지만, 결국 가장 게으른 사람들입니다. 그래서 도무지 존재의 변화를 이루지 못하는 것이죠. 단지, 이익에 대한 생태계적 대응을, 존재의 변화로 착각하는 것입니다. 중요한 것은 이것입니다. 하나님의 말씀과 하나님의 기준을 믿지 못하기에 결국 변하지 못하는 것입니다. 무엇보다 심각한 것은, '진정 중요한 것'을 보지 못하는 것입니다. 그것은 인생에게 주어진 '땅'은 하나님의 말씀을 만날 때, 하나님의 말씀이 심길 때, 그 어느 것과 비교할 수 없을 만큼 아름다워지고 위대해질 수 있다는 사실이죠.

그대는 위대해질 수 있습니다. 아름다워질 수 있습니다. 감히 말하거니와 그대가 원하는 만큼 위대해지고, 그대가 원하는 만큼 아름다워질 수 있습니다. 단, 그대가 생각하는 노력으로는 절대로 불가능합니다. 그대가 생각하는 독서와 공부, 자기개발, 취미, 운동, 그리고 온갖 노력들이 있지 않습니까? 물론 그런 노력들도 좋은 모양의 결과들을 만들어낼 수 있죠. 그러나 또 단언하건대, 그 따위 것으로 그대가 위대해지거나 아름다워질 수 없습니다. 그대가 위대해지거나 아름다워지는 유일한 방법은, 존재의 변화입니다. 그대에게 주어진 인생이라는 땅에, 그분의 말씀을 기경하는 존재의 변화입니다. 실험을 통해서만 얻을 수 있는 변화입니다. 그럴 때 우리의 겉사람은 낡아지나 속사람은 날로 새로워질 수 있습니다. 신비의 문법을 담고 있는 바울의 고백을 들어봅시다.

> 그러므로 우리가 낙심하지 아니하노니
> 우리의 겉사람은 낡아지나
> 우리의 속사람은 날로 새로워지도다
>
> 고린도후서 4장 16절

나를 사랑하는 방법

그렇기에 '나와 나'의 관계에서 나를 사랑하는 방법은, '나의 변화'를 이루는 것입니다. 그러나 그 변화는 화장법이나, 옷 입는 방법이나, 운동을 하거나, 공부를 하는 변화가 아닙니다. 그 변화는 하나님이 그대에게 허락하신 말씀을 가지고, '실험'하는 것입니다. 더 쉽게 이야기하면, 진리를 실험하는 것이죠. 아담이 자신에게 주어진 땅의 모든 것들을 실험하면서 생육하고, 번성하고, 충만하고, 정복하고, 다스렸던 것처럼 말입니다. 그대가 진리를 실험하지 않는 이상, 하나님이 그대에게 주신 진리는 그대의 것일 수 없습니다. 그것이 하나님의 문법입니다.

더 깊게 생각해보겠습니다. 성경의 66권에는 참으로 여러 가지 사건이 있습니다. 언제나 고난, 기근, 광야, 실패, 좌절들의 역사입니다. 이것이 다양한 형태로 기록되어 있습니다. 그런데 잘 생각해봅시다. 그 모든 시련의 문법을 이길 수 있는 길을, 하나님은 어떻게 제시할까요? 그것은 '관계'로 제시합니다. 그리고 그 '관계'는 결국 '하나님과 나'와의 관계를 말하는 것입니다. 그대는 그 지점에서 모든 시련의 문법을 해결하려 합니다. 그러나 조금 더 깊게 연구해봅시다. 결국 하나님과 나와의 관계에서, 변화를 선택해야 하는 존재는 누구일까요? 바로 '나'입니다. 나의 회개, 나의 반성, 나의 돌이킴, 나의 변화입니다. 사실 어떤 부분을 봐도 그렇습니다. 그리고 중요한 것은 그것이 끝이 아니죠. 그렇게 돌아온 나에게 한 가지를 더 요구하십니다. 그것은 바로 주의 진리에 순종하는 것입니다. 곧 주의 진리를 실험하는 것입니다. 그 지점에서 아주 신비한 영역들이 열리는 것입니다.

하나님은 당신과 관계를 맺는 '나'의 변화에 새로운 길이 탄생함을 말해줍니다. 그것이 신앙의 문법이요, 믿음의 법문입니다. 그것은 오직 진리를 실험하는 사람만이, 체험할 수 있는 경탄입니다. 성경은 아주 이상하리만치, 그런 영역을, 경험하고, 생육하고, 번성하고, 충만하고, 정복하고, 다스리는 사람만, 하나님의 역사가가 되게 하십니다. 처음부터 완벽한 조건을 가진 사람은 거의 없습니다. 잘 생각해봅시다.

아브라함은 단순한 유목민이었습니다. 이삭은 최소한의 다툼도 피하는 유약한 사람입니다. 야곱이 한 일은 위대한 열두 지파의 초석을 다진 것이 아니라, 라반의 밑에서 죽도록 고생한 노동자입니다. 요셉은 이방 지역으로 끌려간 노예일 뿐입니다. 이스라엘의 초대왕인 사울은 베냐민 지파의 평범한 청년이었습니다. 이스라엘의 위대한 왕인 다윗은 목동이었습니다. 엘리사는 소 열두 겨리, 그러니까 24마리의 소로 밭을 갈다가 부르심을 받았습니다. 참고로 고대 근동에서 소 한 마리로 밭을 가는 것도 상당히 힘든 일입니다. 그런데 엘리사가 소 24마리로 많은 쟁기 날을 달고 능수능란하게 밭을 갈았다는 것은, 그가 농업의 전문가였다는 것입니다. 이사야는 귀족이었고, 아모스는 농

나

부였습니다. 이들 외에 많은 선지자들이 조건이 좋아서 부름을 받은 것이 아닙니다. 하나님의 사람이라고 불리는 선지자들의 대부분은 농사꾼, 노동자, 목동, 평범한 누군가의 아들, 딸들입니다. 단, 이들은 하나님께 반응했고, 진리 실험에 자신의 온 존재를 걸어보았고, 계산 없이 순종한 것입니다. 그럴 때 농사꾼, 노동자, 목동, 평범한 누군가의 아들, 딸들의 인생에, 위대한 공간이 창출된 것이죠.

그것이 성경이 '나'에게 요구하는 도전입니다. 더 나아가 하나님이 창조하신 '나'를 사랑하는 방법입니다. 아주 확실한 의미에서 만약 그대가, 그대에게 주어진 땅에서 그 어떤 진리도 실험해보지 못했다면, 그대는 그대를 사랑한 것이 아닙니다. 바쁘게 살고, 돈을 좀 벌고, 좋은 직장이 있어도 단지, 악하고 게으른 것뿐입니다.

상처와 나

많은 그리스도인들이 '나와 나'의 관계를 힘들어하는 이유는, 나의 역사 속에 얼룩진 상처 때문입니다. 무방비 상태로 있다가, 생각지도 못한 지점에 '나'는 상처를 받습니다. 타인의 작은 말과 행동, 혹은 오해, 또는 어떤 상황에 대해서 말입니다. 분명 이런 상처들은 외부에서부터 침투

해오는 것들입니다. 그래서 '나'는 '나'에게 잘못이 없는 것이죠. 그러나 이런 상처들이 무서운 건, 결국 '나'는 '나'에게 잘못이 없음에도 불구하고, 나를 곪게 한다는 것입니다. 나를 문드러지게 한다는 점입니다. 무엇보다 나를 보는 나를 왜곡되게 합니다. 결론적으로 말하면, 상처가 깊어지면 가장 손해 보는 것은 나입니다. 상처가 깊어질수록 그대만 힘겨워집니다. 그렇다면 그대에게 있는 상처는 어떻게 극복할 수 있는 걸까요? 어떻게 치료할 수 있는 걸까요?

어느덧 교회 안에서 그리스도인의 상처 치유 방법으로 자주 등장하는 용어가 있습니다. 그것은 '내적치유'입니다. 그러나 내적치유란 무엇일까요? 저는 내적치유 전문가가 아니기 때문에 그것을 학문적으로 정의할 수 없습니다. 그러나 내적치유의 방향은 알고 있습니다. 그것은 그대의 내면에 맺혀 있는 상처의 기억을 다 드러내고 끄집어내고 토해내서, 그것을 복음으로(?) 치료한다는 것입니다. '내적치유'에 대한 방법은 다양해도 형태는 비슷할 것입니다. 물론 이 방법으로 도움을 받는 사람도 있을 것입니다. 또 이 방법이 상담학이나 정신분석학의 기초적 방법으로 제시하는 내면치유, 인지치료와 흡사하기에, 분명 도움이 되는 영역도 있습니다. 그러나 동시에 이런 과감한 질문도 해봅니다. 과연 인간의 모든 상처를 내적치유로 다 치료할 수 있을까

나

요? 더 나아가 항상 내적치유가 동반되어야만(상처받은 기억의 복원), 정확한 치료를 할 수 있고 자유할 수 있는 걸까요? 무엇보다 성경은 인간의 상처에 대해서, 무엇이라고 말을 할까요?

참 재미있게도 성경은 인간의 상처와 치료에 대해서 특별한 대답을 주고 있지 않습니다. 물론 성경의 한두 구절을 가져와서 그것이 성경 전체의 메시지인 것처럼 노닥거린다면 할 말이 없습니다. 그러나 확실한 한 가지는, 성경은 인간의 상처에 대해서, 내적치유가 말하는 것처럼 깊게, 구체적으로, 정확하게, 확실하게, 상처에 대한 기억을 복원시키지 않는다는 것입니다. 정말인지 별로 묻지 않습니다. 왜 그럴까요? 하나님은 인간의 상처를 가볍게 생각해서 그런 걸까요? 아니면 하나님은 무관심한 아버지라서 그런 걸까요? 그대도 알고 있습니다. 결코 그런 것이 아니라는 것을요.

하나님은 인간의 상처에 대해서 구체적으로 묻는 대신, 아주 이상한 행동을 합니다. 그것은 '소망'을 보여주는 것입니다. 성경을 읽으면서, 언약이라고 부르는 성질들이 그렇습니다. 과거를 보여주는 것이 아니라 미래를 보여주는 것입니다. 결국 도달해야 할 방향을 제시하는 것입니다. 단순하지만 이것이 전부입니다. 어쩌면 하나님은 인간의 상처를 치료할 수 있는 것이, 인간적인 방식(?)의 내적치유가 아니라는 것을 알고 계셨던 것이 아닐까요?

사실 상처받은 기억의 복원은 참으로 위험한 행위입니다. 결국 그것은 내가 받은 상처를 더 깊게 기억하고 새기게 할 뿐입니다. 어떤 사람은 그 상처를 완전히 끄집어내어 거기서 자유해야, 상처에 매이지 않음을 말합니다. 그러나 그런 논리라면, '피구왕 통키'를 많이 보면, 어느덧 내가 피구왕 통기가 되어야 하는 것입니다. '날아라 슛돌이'를 자주 보면, 어느덧 내가 슛돌이처럼 축구를 할 수 있다는 논리입니다.

오히려 하나님은 인간에게 참 재미있고 유효한 기능을 주셨습니다. 그것은 '망각'입니다. 그대는 저의 이 말에 대해서 의아해할 것입니다. 그러나 아닙니다. 하나님이 그대에게 주신 자연스러운 치료법은 '망각'을 할 수 있다는 것입니다. 그대가 상처받은 그날의 풍경, 그날의 아픔, 그날의 감정이, 망각될 수 있음을 말해줍니다. 그것이 얼마나 감사한 것인지요. 소망의 예언서인 이사야의 한 구절을 봅시다.(제가 한 구절을 제시했다고, 한 구절로 성경의 모든 것을 해석한다고 오해하지 마십시오. 꼼꼼하게 이사야서를 보면, 하나님의 이러한 방향이 덕지덕지 나와 있습니다.)

나

너희는 이전 일을 기억하지 말며

옛날 일을 생각하지 말라

보라 내가 새 일을 행하리니 이제 나타낼 것이라

너희가 그것을 알지 못하겠느냐

반드시 내가 광야에 길을 사막에 강을 내리니

이사야 43장 18-19절

하나님은 '소망'을 주시되, 기억하지 말아야 할 영역을 말해줍니다. 그것은 '이전 일'과 '옛적 일'입니다. 하나님은 이스라엘에게 그것에 관해서 망각해야 함을 허락하셨습니다. 대신 소망에 관한 내력을 생각해보고 거기에 집중하게 하셨습니다. 그것이 하나님이 성경 곳곳에서 제시하는, 그분의 내력입니다.

물론, 저는 잘 알고 있습니다. 그대가 얼마나 괴로워하고 힘들어하는지를요. 그대의 상처가 보통이 아니라는 것을요. 그러나 정말 깊게 깊게 생각해봅시다. 이것을 자주 떠올려도 유익이 되는 것은 하나도 없습니다. 그 모든 상처들은, 아무리 좋은 모양으로 다시 기억하고, 다른 모양으로 해석해도, 결코 그대를 새롭게 하는 것이 아닙니다. 이 지점을 정확하게 인지해야 합니다. 그러니 그 모든 것들을 낡은 기억으로 생각해야 합니다. 이런 말이 아주 냉정하게 들

리겠지만, 어차피 벌어진 일이니 돌이킬 수 없습니다. 차라리 그렇게 생각해야 합니다. 그래야 다른 곳을 볼 수 있는 집중력이 생기죠. 소망은, 거기서부터 생겨나는 것입니다.

다른 차원도 생각해봅시다. 만약 그대가 받은 상처로 인해, 숨을 쉴 수도 없을 만큼 괴로워하고 있다면, 그 모습을 가장 좋아할 존재가 누구일까요? 그건 바로 사탄입니다. 사탄은 결국 우리가 과거의 환상에 젖어 있거나, 과거의 상처에 빠져 있거나, 과거의 습관들에 얽매여 있어서, 지금 그 자리에 주저앉기를 바랍니다. 사탄은 그대가 '소망'이라고 부르는 것, '비전'이라고 부르는 것, '내일'이라고 부르는 것에 관심을 가지지 않기를 바랍니다. 그 이유는 그대가 다시 일어날 수 있기 때문입니다. 그것이 '나와 나'의 관계에서 상당히 중요한 영역입니다.

객관성

상처를 극복할 수 있는 방법 중 하나를 '망각'이라고 이야기를 했습니다. 그것이 하나님이 주신, 가장 좋은 방법 중에 하나라고 했습니다. 그리고 이 방법은 자연스러운 것입니다. 그러나 더 유효하고 적극적인 방법도 있습니다. 저는 그대에게 이 방법을 강력하게 추천합니다. 그것은 '객관성'입니다.

　그대가 '나와 나'의 관계에서 가장 결여되는 능력이 바로 이 객관성입니다. 물론 이건, 당연한 이치입니다. 그 누구도 여기서 자유로울 수 없겠죠. 오히려 '나와 나'의 관계에서만큼은, 객관성이라는 무장해제가 허용되니, 더 자유로울 수도 있습니다. 그래서 그대는, 그대 자신을 그대가 생각한 것보다 더 크게 보기도 하고, 더 대단하게 보기도 하고, 더 자랑스럽게 보기도 하죠. 또 그대 자신을 비전 있는 사람으로 여기기도 합니다. 객관성으로 그대 자신을 해석하지 않으니, 그대는 그대의 가능성을 믿어주는 것입니다. 저는 지금 놀리는 것이 아닙니다. 의식 중이든, 무의식 중이든 누구나 자기 자신을 이렇게 대우합니다. 저도 저 자신을 이렇게 대우할 때가 자주 있습니다. 그건 좋은 기능입니다. 그대의 자존감, 자신감이 높아질 수도 있으니까요. 오히려 자기 자신에게, 그 어떤 기대감도 가지지 않는 사람이 더 슬픈 것입니다.

　그러나 이런 객관성의 결여가 독이 되는 경우도 있습니다. 그런 경우가 바로 '상처'를 대할 때입니다. 계속 강조하지만, 그대가 상처가 없다는 소리가 아닙니다. 더 나아가 그대의 상처가 가볍다고 하는 소리도 아닙니다. 결코 그렇게 말하는 것이 아닙니다. 다만 정말인지, 그대가 그대의 상처에 대해서 과도한 주관성을 가지고, 과도한 해석을 하게 되면, 그것은 아주 쉽게 괴물이 되는 것입니다. 그래서 하나님이 창조하신 그대의 전 존재마저 망가트리는 것입니다. 왜냐하면 그대가 가진 상처는 그대를 무너뜨리기에 충분한 힘을 가지고 있기 때문입니다. 상처를 치료하지 않으면, 그다음으로 생겨나는 관성의 법칙은 '피해의식'입니다. 그 의식의 흐름들은 결국 자기 자신을 가장 불쌍하고 가련하고 처량한 사람으로 만듭니다. 심지어 하나님 앞에서도 자기 자신을 그렇게 만들죠. 아니, 하나님이 주신 축복도 그렇게 해석하죠. 하나님이 자신을 공격하기 위해서, 그 모든 장치를 만들어냈다고요. 선악과를 깊게 생각해봅시다. 어설픈 관점에서는 이렇게 생각하기 쉽습니다.

'하나님이 선악과만 주지 않으셨다면,
오히려 이 세상은 더 행복할 텐데_'

그래서 그대는 감히, 그대 자신을 하나님보다 높은 위치에서, 하나님이 창조하신 세상을 훈수합니다. 마치 하나님이 실수를 했다는 투로 말이죠. 그러나 깊게 생각해봅시다. 하나님이 인간을 괴롭게 하시려고 선악과를 주셨겠습니까? 인간을 유혹에 빠지게 하려고 그렇게 했을까요? 아니죠. 절대 아닙니다. 성경의 이야기를 보시죠.

> 선악을 알게 하는 나무의 열매는 먹지 말라
> 네가 먹는 날에는 반드시 죽으리라 하시니라
>
> 창세기 2장 17절

하나님이 인간에게 선악과를 주신 이유는, 인간의 한계를 일깨워주기 위함입니다. 그것은 인간이 '죽음'을 맞이할 수 있는 존재라는 것이죠. 그것이 하나님과 인간의 질서입니다. 그건 악한 것이 아니라 당연한 것입니다. 오히려 인간이 자신의 위치를 망각할 때, 그것이 악한 것입니다. 그러나 인간은 이런 피해의식이 있습니다. 법을 어긴 인간은 악하지 않고 법을 주신 하나님이 악하다는 것이죠. 그것은 바른 생각이 아닙니다. 바른 해석이 아닙니다.

원죄와 원복

그대는 창세기를 보면서, 원죄Original sin라는 개념을 들어보았을 것입니다. 선악과를 먹은 인간의 불순종으로 말미암아, 이 땅에 죄가 들어왔고 그로 말미암아 모든 사람은 태어나면서 죄성을 가진, 죄인이 되었다는 신학적 개념입니다. 그래서 모든 인간은 구원을 받아야 할 필요가 있게 되었습니다. 저도 그대도 마찬가지죠. 그러나 많은 사람들이 이 지점에서 인간이 불쌍하다고 생각합니다. 인간 존재만큼 가련한 존재가 없다고도 생각합니다. 인간의 역사만큼 처량한 존재가 없다고 생각합니다. 마치 하나님이 인간의 대적자가 되어서, 인간을 파괴하는 존재로 생각합니다. 그러나 그것이 바른 생각일까요? 바른 해석일까요? 그대도 알겠지만, 결코 그렇지 않습니다.

저는 그대에게 신선한 개념을 하나 소개시켜주고 싶습니다. 그것은 원복Original blessing이라는 개념입니다. 창세기를 천천히 살펴보면, 원죄라는 이야기는 아주 작은 이야기로 구성되어 있습니다. 단 3절일 뿐입니다. 대신 천지를 창조하신 내력과 그 과정은 아주 광대하게 이야기하고 있죠. 무려 80절(창 1-3장)입니다. 창조의 첫날부터 마지막날까지, 하나하나 세어보시기 바랍니다. 그것은 실로 엄청난 것입니다. 물리학적 개념으로 셀 수도 없고 정의할 수도 없는 것입니다. 그렇기에 그것은 황홀한 것이고, 설레는 것이고, 충만한 것입니다. 그리고 무엇보다 하나님은 그 땅의 모든 것과, 그 하늘의 모든 것들을, 셀 수 없게 창조하시되 그것을 인간에게 주셨습니다.

하나님이 자기 형상 곧 하나님의 형상대로

사람을 창조하시되

남자와 여자를 창조하시고

하나님이 그들에게 복을 주시며

하나님이 그들에게 이르시되

생육하고 번성하여 땅에 충만하라, 땅을 정복하라,

바다의 물고기와 하늘의 새와

땅에 움직이는 모든 생물을 다스리라 하시니라

하나님이 이르시되 내가 온 지면의 씨 맺는 모든 채소와

씨 가진 열매 맺는 모든 나무를

너희에게 주노니 너희의 먹을 거리가 되리라

창세기 1장 27-29절

저는 이 황홀한 하나님의 선물을 '원복'이라고 부르고 싶습니다. 다시 한번 강조하지만, 하나님이 우리에게 주신 것들은 엄청난 선물들입니다. 이것이 원죄의 제한보다 큽니다. 이것이 원죄의 단절보다 큽니다. 더 나아가 원죄의 결과보다 큽니다. 하나님이 그대에게 주신 것들을, 침착하게 바라보는 것, 차분하게 헤아려보는 것, 더 나아가 그것들을 응시하는 것이 바른 생각입니다. 바른 해석입니다. 하나님은 태초의 인간에게서 어떤 것도 빼앗아 가지 않으셨습니

다. 오히려 죄를 저지른 후에도, 엄청난 사랑과 충만한 배려와 섬세한 거리감으로 다가가셨습니다. 그러나 참으로 슬픈 건, 인간은 도무지 그것을 헤아려볼 수 없다는 것이죠.

이것은 믿음이 있는 사람도 마찬가지입니다. 믿음의 조상 아브라함의 이야기도 살펴봅시다.

이 후에 여호와의 말씀이 환상 중에
아브람에게 임하여 이르시되
아브람아 두려워하지 말라
나는 네 방패요 너의 지극히 큰 상급이니라
아브람이 이르되 주 여호와여
무엇을 내게 주시려 하나이까
나는 자식이 없사오니
나의 상속자는 이 다메섹 사람 엘리에셀이니이다

창세기 15장 1-2절

아브라함에게 있어서 가장 중요한 문제는 '자녀'의 문제였습니다. 그런데 아무리 생각해도 그에게 있는 것은, 자신의 자녀가 아니라 다메섹 사람 엘리에셀뿐인 것이죠. 그래서 아브라함은 저 순간에, '하나님은 내 것을 빼앗는 분'이라고 생각했는지 모르겠습니다. 아니, '하나님은 나에게 좋은 것을 주지 않으시는 분'이라고 생각했는지 모르겠습니다. 그래서 이런 말을 하고 싶습니다. 아브라함이 답을 찾는 습관은 '그대를 참 닮았다'라고요. 가장 상식적이고, 또 가장 집중력이 있죠. 그러나 하나님이 주시는 답은 그런 성질의 것이 아닙니다. 아브라함의 저 질문에 하나님은 이렇게 대답을 하십니다.

> 그를 이끌고 밖으로 나가 이르시되
> 하늘을 우러러 뭇별을 셀 수 있나 보라
> 또 그에게 이르시되 네 자손이 이와 같으리라
>
> 창세기 15장 5절

하나님은 아브라함이 가지고 있는 문제에 대한 정확한 정답을 주지 않습니다. 오히려 그에게 다른 것을 볼 수 있도록 해주십니다. 그것은 '하늘의 별'입니다. 그리고 실제로 아브라함은 저 하늘의 별을 바라보았겠죠. 밤하늘, 셀 수 없을 정도로 많은 별들을요…. 하나님은 왜 이런 의도를 가지신 걸까요? 그건, 아브라함에게 답을 찾는 내력보다 더 중요한 내력이 있음을 보여주는 것입니다. 바로 하나님의 내력입니다. 아브라함은 저 수많은 별들을 보면서, 자신이 갇혀 있는 문제보다 더 크고 광대하며 위대하신 하나님을 보았을 것입니다.

동시애(同時愛)

　　그대의 경우도 마찬가지입니다. 그대가 '나와 나'의 관계에서 그대 자신을 진정 사랑한다면, 그대의 상처를 객관화시켜야 합니다. 그래야, 그대의 상처를 감싸고 있는, 위대한 하나님의 사랑을 조금이라도 볼 수 있습니다. 아니 더 정확하게 이야기하면, 지천에 널려 있는 그분의 섬세한 배려와 사랑에 대해서 볼 수 있습니다. 그것은 위대한 하나님의 내력입니다. 그대는 반드시 그 고지를 등반해야 합니다. 그리고 결국 그 고지를 정복해서, 더 멀리 객관적으로 봐야 합니다. 그대의 상처에 대해서, 하나님이 그대에게 주신 은혜들에 대해서 말입니다. 그리고 그렇게만 될 수 있다면, 그대가 가진 최악의 상처는, 사실 별거 아니라고, 아니 '별거 아닐 수도 있다'라고, 그대 스스로 생각할 수 있게 될지 모릅니다. 진정, 감히, 그것을 말해봅니다. 그 이유는 그대의 상처의 위, 아래, 좌, 우, 대각선, 곡선, 직선, 원형으로 수많은 하나님의 '은혜'가 함께 있기 때문입니다.

　　그래서 분명히 해봅시다. 객관적일 수 있다면, 분명 그대는 상처가 있지만, 동시에 그대의 좌, 우에 돕는 손길이 있음을 발견할 것입니다. 객관적일 수 있다면, 분명 그대는 아픔이 있지만, 동시에 그대의 위, 아래에 함께하는 이들이 있음을 발견할 것입니다. 더 나아가, 지금 그 지점에서 하나님이 함께하시고 있다는 것도 알게 될 것입니다. 저는 이 지점을 동시애同時愛 지점이라고 말하고 싶습니다. 즉, 상처도 있지만, 동시에 하나님도 역사하는 지점입니다. 그 지점에서 나의 상처와 상황도 사랑하고, 동시에 하나님이 주신 은혜들도 발견하고 사랑하는 것입니다. 그 두 가지 세계를 동시에 사랑할 때, 아주 새로운 세계가 열릴 것입니다. 그것이 '동시애'의 신앙입니다. 만약 그대가 상처를 극복하고, 참된 삶의 입구를 다시 열고 싶다면, 이 두 지점을 발견하고 거기에서부터 다시 시작해야 합니다.

글을 읽는 그대에게도 상처가 있겠지만, 글을 쓰는 저에게도 상처가 있습니다. 그것은 지극히 개인적인 상처입니다. 그래서 이 사건이 누군가에겐, '그것이 무슨 상처인가?'라고 일축을 살 수도 있지만, 저에게 있어서는 저 자신을 완전히 녹이는 그런 사건이었습니다. 그건 성인이 되어서 '왕따'를 경험한 사건입니다.

그대는 성인이 되어서 어떤 그룹에서 집단 따돌림을 경험해보신 적이 있는지요? 이 경험은 참으로 아득하고, 괴롭습니다. 지금도 생각하면 송곳같이 저를 찌르기도 하죠. 저는 이 사건을 대학에 들어와서 경험했습니다. 참고로 제가 나온 대학은, '신학대'라고 불리는 곳입니다. 그대가 생각할 때 의아해할 수도 있을 것입니다. 신학대는 모두 성령이 충만하고, 선함과 온유함, 그리고 희락과 화평이 가득한 공동체라고 생각할 것이기 때문입니다. 그래서 어떤 그리스도인들은, 신학대에 대한 영원한 그리움(?) 같은 것이 있는 것 같기도 합니다. 신학대학교를 이상적으로 생각한 것이죠. 그러나 막상 신학대학교를 가보니, 그곳은 결코 이상적인 곳이 아니었습니다. 오히려 더 인간적이고, 냉정하며, 현실적인 쟁론들을 나누는 곳이었습니다. 그대가 언제나 어디서나 볼 수 있는 경쟁의 모습, 이기심의 모습들이 이곳에도 가득합니다. 물론 그 모든 내력에 대해선 다 나눌 수 없습니다.

여하튼 저는 그런 곳에서 왕따를 당했습니다. 외로운 것도 쉽지 않고, 환경이 열악한 것도 정말 쉽지 않았는데, 고의성과 집단성의 얼굴을 한, 왕따까지 당했습니다. 이제 와서 보면 학부와 대학원, 7년을 어떻게 졸업했는지 모르겠습니다.

그대는 그 내용이 궁금할 것입니다. 그러나 지극히 개인적인 이야기이기에, 그대에게 나의 상황을 설득하고자, 이해를 받고자, 설명하고 싶지는 않습니다. (사실 그 내용을

나

나누고 싶었습니다. 그래서 아주 길게 그 내용을 정리해서 쓰고, 몇 번씩 고쳐서 쓰고 다듬었습니다. 그러나 저 자신도 객관적이지 못하며, 그대에게 이해받을 수 없으며, 여전히 지극히 개인적인 차원이라는 생각이 들어서 지웠습니다. 더 나아가 제가 그것을 글을 쓴다는 것은, 또 누군가에게 상처가 되는 시간이 될 것 같아서 쓰지 않으려고 합니다.) 더 나아가 이 책을 쓰는 이유도 그대의 삶에 엉겨 붙어 있는 '관계' 자체보다 더 중요한 차원이 있다는 것을 말해주기 위해서입니다.

그런데 확실한 의미에서 당시에 저는 완전히 구겨져 있었고, 함몰되어 있었으며, 하수도 깊은 곳 어디쯤에서 썩어 문드러져 가고 있었습니다. 철저하게 혼자였고, 무명이었습니다. 그런데, 그때쯤 하나님이 저에게 보여주신 은혜가 있습니다. 그것이 방금 그대에게 설명한 동시애同時愛의 지점입니다. 객관적으로 나의 상황도 바라보아야 하고, 동시에, 그 상황에서 하나님이 주신 은혜들도 바라보아야 하는 것입니다. 그리고 동시에 그 두 상황을 진심으로 사랑하고 품에 안는 것이죠. 그것이 '동시애'의 신앙입니다. 그리고 그대에게 주어진 모든 것들을 거부하지 않고, 받아들이는 것입니다. 동시에 거기에서부터 하나님과 그분의 뜻 가운데서 다시 시작하는 것입니다.

새로운 시작

그 후에, 제가 선택한 것은 공부였습니다. 하나님이 '동시애'의 관점에서, 지극히 외로웠던 저에게 보여주신 부분은 '신학 공부'였습니다. 이런 말이 참 해찰궂지만, 지금 와서 보니, 외로움만큼 공부에 최고 좋은 조건도 없었습니다. 외로움이라는 벽면이 하얗게 번질 때까지 독서를 했습니다. 그 하얀 벽면이, 누렇게 바랠 때까지 성경을 읽었습니다. 그 누렇게 변색된 벽면이, 다 불타서 한 줌의 재가 될 때까지 공부했습니다. 2.0인 시력은 0.1이 되었고, 매우 건강하던 육체는 앙상해졌고, 많이 쇠잔해졌습니다. 그러나 공부를 할 수 있어서, 저는 정말이지 하나도 외롭지 않았습니다.

그 후 저에게 주어진 6학기를 모두 평점 4.5 만점에 4.5를 받았습니다. 이건 결코 쉬운 일이 아닙니다. 대학원 과정 역시 마찬가지입니다. 평점 4.5 만점에 4.5를 받았습니다. 모든 학기에 장학금을 받았습니다. 많은 대회에서 수상을 하게 되었습니다. 수많은 교회에서 각종 강의를 부탁합니다. 이런 말이 도무지 민망하지만, 지금은 책을 쓰는 작가가 되었습니다. 3년 전에는 교회도 개척하게 되었습니다. 심지어, 건강하게 잘 성장해 가고 있습니다. 모두 당시의 아픔을 통해서, 새롭게 피어난 꽃밭입니다.

나

어떤 드라마의 명대사처럼, 우연이라곤 단 한 줄도 없이 저는 여기까지 왔습니다. 여기까지 오는 시간은 매우 검질겼습니다. 가시를 바르고 생선 살만 긁어 퍼내어 살점만 가득한 해답을 추구한 것이 아닙니다. 하루하루가 목구멍에 걸린 가시가 온 영혼을 찌르는 듯한 괴로운 시절을 보냈습니다. 속절없는 절망감으로 가래를 뱉는 기침을 하지만, 목구멍에서 나오는 것은 혼돈하고 공허하며 흑암이 깊음 가운데 있는 것들뿐이었습니다. 그러나 놀라운 신비는, 그 모든 괴로움을 낭만의 시절로 만드신 그분의 섬세함입니다. 그리고 결국 당신의 뜻이 나의 삶에 이루어졌다는 확신입니다. 분명 삶은 쉽지 않았지만, 은혜는 어렵지 않았기에, 저의 존재는 새로움을 경험할 수 있었습니다.

　　저는 지금 '나 고생했다_'를 말하거나, '나는 슈퍼맨이다_'를 말하려는 것이 아닙니다. 결코 그런 것이 아닙니다. 저는 정말인지 간절하게 피를 토하듯, 그대에게 한 가지를 말해주고 싶은 것입니다. 상처받은 그대도, 꽤 열악한 그대로, 얼마든지 새롭게 피어날 수 있는 지점은 있다는 점입니다. 그대가 '나와 나'의 관계를 실험해본다면 말입니다. 그대가 '동시애'의 신앙을 추구한다면 말입니다. 그대에게 주어진 시간은 우주 같은 가능성을 가지고 있습니다. 그대가 가진 신앙은 그대가 원하는 환경과 조건, 사람과 관계를 만들기 위해서 사용되어선 안 됩니다. 오히려 하나님이 주신 그 모든 환경과 조건을 받아들이고, 그 지점에서 아주 새롭게 시작할 수 있다는 것을 믿는 것이 신앙입니다.

성장

　'실험'과 '동시애'를 통해 새롭게 시작할 수 있다는 말의 깊은 뜻은 '성장'입니다. '나와 나'의 관계에 있어서, 가장 중요한 영역은 '성장'입니다. 성장을 추구하지 않는 '나와 나'의 관계는 의미가 없습니다. 모두가 알고 있듯이, 성장은 순식간에 이루어지는 것이 아닙니다. 오래도록 자신의 내면을 다듬고 정돈하고 가꾸어서, 이룩할 수 있는 결과물입니다. 그렇기에 그것은 정말이지 아름다운 과정입니다.

　그러나 이 땅에 많은 관계의 교훈들은 성장의 세계를 말하지 않습니다. 소유로서, 관계를 점령하기 원할 뿐입니다. 그것이 물질이든, 마음이든, 서열이든 말입니다. 관계의 기술skill of relations은 결국 소유의 기술skill of possession로 귀결됩니다. 분명 세상적인 관점에서는 많이 가진 자가 높이 서는 것이 사실입니다. 그들에겐 그것이 온 우주요 온 세상입니다. 그러나 성경은 결코 그렇게 말하지 않습니다. 소유를 얻는 기술을, 관계의 결과물이나 신앙의 결과물로 말해주지 않습니다. 성경은 한 개인의 존재가 신앙으로 성장해 가는 여정에 대해서 구체적으로 말해주고 있습니다. 그 성장은, 자기 자신에 대해서, 이웃에 대해서, 하나님에 대해서, 가지는 태도들입니다. 그 태도들은 신중하고 섬세하며, 무게감이 있습니다. 그런 태도들이 풍기는 잔향은, 쉽게 만들어낼 수 있는 향기가 아닙니다. 그런 태도들이 가지는 눈빛은 쉽게 흉내낼 수 있는 것이 아닙니다. 결코 쉽게 만들어지는 것이 아닙니다. 그런 태도들은, 소유로 얻어낼 수 없는 빛을 만들어줍니다. 그렇기에 앞모습보다 더 빛나는 뒷모습이 있습니다. 앞걸음보다 더 당당한 뒷걸음이 있습니다. 이런 사람들은 고뇌하는 그림자마저도, 누군가에게 이정표가 됩니다. 심지어 그 자리에 정지해 있어도, 누군가에게 진리와 소망이 무엇인지를 보여줍니다. 마치 예수님처럼요. 예수님이 십자가를 지실 때처럼요. 성장하는 사람은 모든 순간에 품위가 있습니다. 감옥에서도 광장에서도, 심지어 초막이나 궁궐에서도 고결합니다. 그런 사람들은 정말이지, 모든 순간에 빛나고 아름답습니다. 마치 바울처럼요.

성장을 추구하는 사람들은, 자신의 앞에 있는 것들에 관하여 '집착'하지 않습니다. 불리해도, 유리해도, 열악해도, 풍부해도 일체의 비결 속에서 살아갑니다. 그것은 자기 앞에 있는 것들을 통해서, 자신의 성장과 성숙을 이루는 것입니다. 그 방법은 지금까지 충분히 고려한 '진리 실험'과 '동시애'입니다. 그대는 '나와 나'의 관계에서 이 지점을 잃어버려선 안 됩니다. '나와 나'의 관계에서 성숙하고 성장한 사람을 추하다고 비난할 사람은 없습니다. 그렇기에, 아름다움도 그대의 몫, 추함도 그대의 몫입니다. 잊지 마십시오. '나와 나'의 관계에서 성장하는 사람은, 무소유라도 빛나는 법입니다. 그러나 '나와 나'의 관계에서 성장하지 못하는 사람은, 풀소유라도 추한 법입니다.

내가 나를 믿어주는 만큼

그렇다면, 그대는 자연스럽게 이 질문이 들 것입니다.

'결국 그래서 나는 어디까지 성장할 수 있을까요?'

참으로 모호하고 어려운 질문입니다. 그러나 결론적으로 말하자면, 나는 '내가 나를 믿어주는 만큼' 성장할 수 있습니다. 그 영역이 개인적인 영역이든, 공적인 영역이든, 회사의 업무든, 개인의 취미든 말입니다. 더 나아가 사랑과 우정에 관한 영역에도 말입니다. 그대가 성장을 추구한다

면, 그대는 그대가 믿어주는 만큼 성장할 수 있습니다. 이
것은 어설픈 마음다짐이 아닙니다. 진리가 가지는 위대한
신비입니다.

성경에는 아주 다양하게 '성장'에 관한 비유들이 나옵
니다. 성경은 그 성장의 메커니즘을 한결같이 단순하게 이
야기합니다. 그것은 그대의 마음에, 태도에, 자세에, 어떻
게 하나님 말씀을 믿는지(받는지)에 관한 메커니즘입니다.
표현은 다양해도, 결국 이런 원리로서 '성장'을 이야기합니
다. 그런데 참 재미있는 것은 '성장력'입니다.

> 더러는 좋은 땅에 떨어지매
> 어떤 것은 백 배, 어떤 것은 육십 배,
> 어떤 것은 삼십 배의 결실을 하였느니라
> 좋은 땅에 뿌려졌다는 것은 말씀을 듣고 깨닫는 자니
> 결실하여 어떤 것은 백 배, 어떤 것은 육십 배,
> 어떤 것은 삼십 배가 되느니라 하시더라
>
> 마태복음 13장 8, 23절

> 더러는 좋은 땅에 떨어지매
> 자라 무성하여 결실하였으니
> 삼십 배나 육십 배나 백 배가 되었느니라 하시고

좋은 땅에 뿌려졌다는 것은

곧 말씀을 듣고 받아

삼십 배나 육십 배나 백 배의

결실을 하는 자니라

마가복음 4장 8, 20절

성장이 가지는 힘은 엄청납니다. 그것은 30배, 60배, 100배라고 합니다. 물론, 본문에서 말하는 배수법에 관하여 여러 가지를 이야기해야 하지만, 여기서는 아주 단순하게 접근해봅니다. 적어도, 그리스도인의 성장이란, 자신이 원하는 지점까지는 충분히 자라날 수 있다는 것입니다. 그것이 성경에서 한결같이 이야기하는 진리가 가지는 신비입니다. 저는 그것을 아주 낭만적이게 이렇게 말하고 싶습니다. '이상성'이라고요. 그대는 그대가 생각하는 이상적인 지점까지 성장할 수 있습니다. 다른 사람은 몰라도, 적어도 '나와 나'의 관계는 그 지점에 대해서 요구할 수 있습니다.

이상성을 향하여

그러나 너무나 슬픈 것은, 아무도 그 지점까지 자신을 믿어주지 않습니다. 자신의 존재를 향한 이상적인 지점의 성장을 추구하지 않습니다. 그 이유는, 고작 누군가를 이기거나, 누군가보다 위에 서야 하거나, 누군가보다 더 잘나야 하는 지점으로 자신의 성장을 생각하기 때문입니다. 그러나 '나와 나'의 관계에서 내가 가장 추구해야 할 영역은 '이상성'입니다. 왜냐고요? 오직 나만, 나에게 그것을 요구할 권리가 있기 때문입니다. 만약 다른 사람이 나에게 '이상성'을 요구한다면, 그것은 무례함이 될 수도 있고, 폭력이 될 수도 있습니다.

그렇기에, '나와 나'의 관계에서 그대가 진정 무엇을 원하고, 무엇을 희망하고, 무엇을 갈망하는지 생각해야 합니다. 더 나아가 나를 불러주신 하나님이 원하시는 그 지점을 또렷하게 고민해보는 것입니다. 참된 신앙의 잉태는, 그 지점에서 생명이 깃든 비명을 지릅니다. 그리고 중요한 것은 분명 두 지점이 한 길로 만나게 되어 있습니다. 그대에게 주어진 과제는, 이 길을 찾는 것입니다.

물론 이 길은, 우아한 곡선을 가지고 있지 않습니다. 또한 시원한 직선만 가지고 있지도 않습니다. 오히려 뫼비우스의 띠처럼, 직사각형의 공간을 비틀어, 양쪽의 끝을 맞붙이는 도형 같은 길입니다. 안과 밖의 구분이 모호해지면, 겉과 속이 하나로 만나는 신비한 길입니다. 그 길을 걸을 때, 하나님은 인간에게 단순한 것을 요구하십니다. 그것은 '겸손함'입니다. 구체적으로 성경을 볼수록, 더욱 구체적으로 보이는 것은, '겸손함'에 관한 메시지뿐입니다. 겸손함을 요구하시는 이유는 단 한 가지입니다. 그래야 그 길이 무엇인지 보이기 때문입니다. 겸손할 때 보여지는 길입니다. 그리고 그 겸손함이란, 자신의 기준에서 좋은 것과 나쁜 것을 구분하지 않는 것입니다. 자신의 경험에서 빠른 것과 느린 것을 구분하지 않는 것입니다. 무엇보다 자신이 가진, 방구석만한 지식으로, 감히 그 길의 끝을 계산해보지 않는 것입니다. 그렇다면 그 길은 무엇일까요? 인생이라는 역사 속에서, 그 길은 어떤 교차 가운데 탄생될 것입니다. 그것은 자신에게 주어진 길을 걷는 사람이, 자신의 길을 걷게 되는 이치입니다. 반대로 이야기하면, 자신에게 주어진 길을 걷지 못하는 사람은, 자신의 길도 걸을 수 없는 법입니다. 더 쉽게 이야기하면, 이상적인 것을 추구하기에, 처음부터 이상적인 선택과 이상적인 과정과 이상적인 방법들이 존재하지 않는다는 것이죠.

　야곱의 아들에서 이집트의 총리가 되었던, 요셉의 모든 역사를 생각합시다. 요셉의 시작과 과정, 그리고 그의 방법들을 깊게 생각합시다. 먼저 그는 자신에게 주어진 길을 걸어갔던 사람입니다. 주어진 길은 상당히 불편하고, 괴롭고, 이질적이었습니다. 이번엔 반대로 이집트의 왕자에서 이스라엘의 지도자가 되었던, 모세의 모든 역사를 생각합시다. 그의 시작과 과정, 그리고 그의 방법들을 깊게 생각합시다. 그 역시 먼저는 자신에게 주어진 길을 걸으면서 시작하였습니다. 그 외에 아브라함, 야곱, 다니엘, 다윗, 에스라, 에스더, 더 말해 무엇을 하겠습니까?

가장 중요한 차원은, 이들이 하나님 앞에서 겸손했을 때, 그 길이 보였던 것입니다. 가장 이상적인 길과 하나님의 길이 교차하는 그 길 말입니다. 그리고 무엇보다 중요한 것은, 그들은 그 길을 가보기 전에 파악하거나, 경험하기 전에 끝을 논한 사람들이 아닙니다. 그 길이 광야든, 바다든, 사막이든, 거친 산이든 끝까지 자신의 전 존재를 이끌고 걸어간 것이죠. 그리고 그 끝에서 망하거나, 끝나거나, 소멸된 것이 아니라, 그 끝에서 새롭게 길을 보여주시는 하나님을 만난 것입니다. 그것이 가나안의 역사입니다. 그것이 예루살렘의 현존입니다. 중요한 것은, 이 모든 것이 하나님만의 단독작품이 아니라는 점이죠. 지독하게 이상성을 가지고 자신에게 주어진 길을 걸어갔던, 그들과 하나님이 함께 만들어간 합작품입니다.

그렇기에 그대는 반드시 이 길을 찾아야 합니다. 그 처음은 자신에게 주어진 길입니다. 그 길에서 하나님의 의도를 이해하는 것이 가장 이상적입니다. '자기의 길'과, '자신에게 주어진 길'은 분명 다르지만, 하나님의 역사 안에서 이 길은, 현존하는 이상적인 길입니다. 그렇기에 가장 '이상적인 길'은, '자신에게 주어진', '자신의 길'을 걷는 것입니다. 이 여정에서, 그대는 그대가 원하는 만큼 성장할 수 있습니다. 그대가 '나와 나'의 관계에서 스스로 칭찬할 수도 있고, 또 책망할 수도 있고, 무엇보다 현재 자신의 위치를 점검해볼 수 있는 유일한 기준이 여기에 있습니다. 만약 그대가 그 길을 걷는 중이라면, 느려도, 헤매도, 엉망진창이라도, 구렁텅이에 빠지고, 진흙탕에 자빠져도 상관이 없습니다. 그대가 이 길을 걷고 있다면, 진정 속도는 상관이 없습니다. 더 나아가 결과도 상관이 없습니다. 왜냐하면, 모든 시간이 위대하고 아름다운 역사歷史이기 때문입니다.

'나와 나'라는 관계에서 그대에게 주어진 이상성이, 고작 누군가를 이기기 위한 길이 아니길 바랍니다. 고작 누군가의 등을 밟아 오르기 위한 길이 아니길 바랍니다.

부디 깊게 깊게 생각해보소서. 그대의 인생에 관하여. 그 인생에게 주어진 길에 관하여. 그리고 그 길에 함께 살아 있는 하나님에 관하여.

그리고 그 모든 함수를 직면하고 있는 그대의

나

시간과

순간과

공간과

자간과

행간의

    사이사이를 살아 있는 '나와 나'의 존재에 관하여 말입
니다.

2

—

이
웃

누가 내 이웃일까?

처음부터, 결론적인 이야기를 해봅시다. 누가 그대의 '이웃'일까요? 이 질문은 처음부터 굉장히 중요한 질문입니다. 어쩌면 이 질문에 답을 알아가는 과정 자체가, 이 책의 가장 큰 핵심일 수 있습니다.

그대가 생각하는 이웃은 그대 옆에 있는 사람들이라고 생각할 것 같습니다. 이를테면, 친한 친구, 동창생, 가까운 친척, 혹은 적당한 사회적 관계를 생각할 것 같습니다. 물론 맞습니다. 그대의 눈에 보이는 모든 사람이 그대의 이웃이 될 수 있는 것이죠. 그대가 유치원 시절부터 초등학생 시절까지, 사회적 관계를 익히고 배울 때, 그대는 이렇게 배워왔을 것입니다. '모두가' 그대의 이웃이 될 수 있다고요. 그대는 한결같이 아주 넓은 범위의 이웃에 대해서만 배워왔습니다. 그리고 모든 이웃에게 사랑을 베풀고 친절하라고도 배웠습니다.

도덕이라는 당위성과 사회성이라는 범위 안에서, 이 말은 참 좋은 말이 됩니다. 그러나 신앙이라는 현실성 앞에서 이 말은 참 잔인한 말이 됩니다. 그 이유는 어떤 개인도, 자신의 옆에 있는 모두를 사랑할 수 없기 때문입니다. 아마도 그대가 이 책을 읽고 싶은 이유도, '나와 나'의 관계, '나와 하나님'의 관계보다는, '나와 이웃'의 관계로 파생되는 수많은 어려움 때문일 것입니다. 그대는 아주 넓은 범위에서 그대가 생각하는 그대의 이웃을 사랑할 수 있는 힘이 없습니다. 왜 그럴까요? 단순한 이유입니다. 사랑은 집중력으로부터 피어나는 아름다운 향연인데, 그런 집중력은 수많은 에너지를 요구하기 때문입니다. 그대도 잘 알다시피, 사랑의 향연으로부터 피어오르는 에너지는, 체력과 물질과 관심과 표현력과 섬세함을 통과해서 맺어지는 열매입니다. 아니, 그대의 소중한 존재성을 소멸시키고 내어주면서 피어나는 향기입니다. 그런데 그것을 나의 모든 이웃에게 할 수는 없습니다. 그대를 무시하는 것은 아니지만, 분명 그대는 체력도, 사랑도, 물질도, 표현도, 쪼들려 사는 사람입니다. 그 이유는 자신에게 주어진 삶을 살기에도 버거우니까요. 제가 그걸 어떻게 알까요? 저 역시 마찬가지이기 때문입니다. 그러니 그대는 이런 괴로움에 빠지게 됩니다. 아마도 이런 종류일 것입니다.

> '내가 그리스도인으로서 너무 이기적인 것 아닌가?
>
> 왜 나에겐 나의 이웃을 사랑할 힘이 없지?'
>
> '내가 그리스도인으로서 너무 모순적인 것 아닌가?
>
> 예배 때 은혜는 잘 받는데,
>
> 왜 나에겐 이웃을 사랑할 힘이 없지?'

분명 그대는 이런 괴로움으로 고민했던 사람입니다. 그래서 혼자 스스로 상처도 많이 받은 사람일 것입니다. 그쵸? 그런데 여기서 끝이 아니죠. 더 잔인한 것은 그대가 생각하는 이웃이, 그대를 이웃으로 생각하지 않을 수도 있습니다. 평소 친하다고 생각하는 그대의 이웃이, 그대를 씹을 수도 있습니다. 그리고 '이웃'이라고 배운 사람들이 그대를 공격하고, 모함하고, 누명을 씌우고, 욕을 하고, 폭력을 행하기도 하죠. 그래서 그대의 삶과 그대의 마음은, 지울 수 없는 얼룩으로 모든 계절에 자국이 남아 있기도 합니다.

> 결국 그대만 괴로워합니다.
>
> 결국 그대만 쇠잔해갑니다.
>
> 결국 그대만 손해를 봅니다.

이웃

왜 그럴까요? 그대는 '이웃'을 '나 자신'과 같이 사랑하라고 배웠기 때문입니다. 전혀 이웃 같지 않은 얼굴을 하고 있는 그 사람들을 말이죠. 그렇기에, '이웃 사랑'이라는 말은 도덕이라는 당위성과 사회성이라는 범위 안에선, 참 좋은 말이 되지만, 신앙이라는 현실성 앞에서 이 말은 참 잔인한 말이 되는 것입니다.

그렇기에 이 책의 첫 줄에다 강조한 것입니다. 그대의 이웃이 누구인지를 정하는 과정이 가장 중요한 질문이라고. 어쩌면 이 질문에 답을 알아가는 과정 자체가, 이 책의 가장 큰 핵심일 수 있습니다. 그런데요, 그런데요,

그런데
그래서
그리고
그렇기에
그러므로
그러니까

그대의 이웃은 누구일까요?

예수님의 이웃

기독교는 분명 '관계'에 있어서 가장 중요한 무게감을 두고 있는 종교입니다. 성경 66권을 통해서 '나와 하나님과의 관계', '나와 이웃과의 관계'에 대해서 여러 각도로 이야기를 합니다. 그 내용들은 이 '관계'들이 가지는 힘과 에너지, 그리고 의미들입니다. 물론 아주 반대 개념으로, 이 '관계'가 훼손되었을 때, 주어지는 상실감, 무력감에 대해서도 이야기해줍니다. 무엇보다 그리스도인에게 이 관계는, 신앙의 '지표'가 됩니다. 아무리 천사의 말을 하고, 방언을 하고, 이 산더러 들려서 바다에 빠지라고 말할 능력이 있다 하더라도, 이 두 가지 관계를 통해서 증명되지 않는 신앙은 모두 가짜입니다.

그래서 우리는 '하나님과 이웃'을 사랑하려고 합니다. 언뜻 보기에 '하나님을 사랑'하는 행위 자체는 쉬워 보입니다. 그 이유는 정확한 대상이 있기 때문입니다. 또 하나님을 사랑하는 것은, 신앙을 가진 그리스도인에게 응당 당연해 보이기 때문입니다. 무엇보다 하나님이 그대를 사랑한다고 하니, 그대가 하나님을 사랑하는 것에 관해서 특별한 어려움을 느끼지 않는 것 같습니다. 그런데 '이웃을 사랑'하라는 말은 좀처럼 쉽지 않습니다. 왜 그럴까요? 앞서 충분하게 이야기를 했지만, 나의 이웃이 누구인지를 정의하

이웃

는 것이 어렵기 때문입니다.

그렇다면 조금 재미있는 역발상을 해봅시다. '하나님 사랑'과 '이웃 사랑'에 관한 가르침을 준, 예수님에게 있어서 이웃은 누구일까요? 물론 여기엔 $1+1=2$ 같은, 대답이 존재합니다. 고민조차 하지 않아도 되고, 연구조차 할 필요가 없는 대답입니다. 예수님에게 이웃은 이 세상에 있는 모든 사람이겠죠. 왜냐하면 그분은 모든 사람을 구원하기 위해 십자가에서 죽으셨기 때문입니다. 물론 저도 이 자체를 부정하지는 않습니다. 그러나 예수님이 '모든 사람'과 '이웃'의 의미로 관계를 맺고, 호흡을 하고, 먹고 마시고 함께 사셨다는 점에 대해선 동의하지 않습니다. 더 나아가 예수님이 모든 사람들과 항상 좋은 관계를 맺고, 탁월한 관계를 누렸다는 점에 대해서도 동의하지 않습니다. 확실한 의미에서 예수님이 이해했던 관계는, 오늘날 자기개발서가 알려준 인간 관계론이 아닙니다.

신약성경을 천천히 보게 되면, 예수님은 '이웃'에 관한 다양한 가르침을 줍니다. 그러나 그 다양한 가르침에 있어서 '이웃'은 모두 '사역의 대상'입니다. 앉은뱅이, 손 마른 사람, 맹인, 혈루증 앓는 여인의 치유, 백부장과의 대화 등등을 깊게 생각해봅시다. 사실 그들은 예수님의 '이웃'이 아니었습니다. 예수님의 '사역의 대상'이었습니다. 더 나아가 군중을 상대하셨던 지점을 생각해봅시다. 오병이어, 산상수훈, 호산나 사건 등등 모두 예수님의 '이웃'이 아니었습니다. 모두 예수님의 '사역의 대상'이었습니다.

중요한 것은 이 지점입니다. 예수님에게 있어서 '사역의 대상'은 모두 예수님의 일방적인 사랑과 기적, 헌신과 보살핌을 필요로 했던 대상들입니다. 오늘날 우리가 알고 있는 의미의 '이웃'으로 치환될 수 없는 사람들입니다. 그들은 예수님의 마음을 헤아릴 수 없었고, 그들은 예수님의 눈물을 닦아줄 수 없었으며, 그들은 예수님의 부족함을 채워줄 수 없었습니다. 예수님이 그들에게 했던 것같이, 그들은 예수님께 할 수 없었습니다. 왜 그럴까요? 너무나 단순한 이유입니다. 그들은 예수님의 이웃이 아니기 때문입니다. 이 냉정한 지점은 인정을 해야 합니다. (만약 아주아주 광범위하고 포괄적인 의미로 모두 다 '이웃이 아니겠는가?'라고 한다면, 저는 이런 논의를 하고 싶지 않습니다.)

그렇다면 예수님의 '이웃'은 누구일까요? 그대가 알고 있는 개념으로서의 그 '이웃' 말입니다. 예수님의 마음을 헤아려주고, 함께 웃고 울고, 부족함을 채워주는 이웃, 슬픔과 기쁨을 함께 나누고 눈물과 환희를 함께 나누는 이웃, 그대가 알고 있는 그런 친구 관계 같은, 혹은 가족 같은 그런 이웃은 누구일까요?

이웃

예수님의 이웃은 '오직 열두 제자'뿐입니다.

이게 뭐냐고요?

전혀 특별하지 않다고요?

허무하다고요?

너무나 당연한 사실이라고요?

아닙니다. 결코 아닙니다. 예수님의 '관계'를 이해할
때, 이건 정말 중요한 사실입니다. 예수님은 수많은 사람들
과 관계를 맺으시고, 사랑과 기적, 헌신과 구제를 하셨지
만, 그들과 열두 제자와의 관계는 완전히 구분되었습니다.
그 구분의 가장 확실한 기능은, 예수님과 열두 제자는 함께
'살았다'는 것이죠. 함께 살았다는 것은 여러 가지 의미가
있겠습니다만, 가장 원초적인 의미만 되새겨보고자 합니
다. 그것은 '삶'을 나눈 것입니다. 예수님은 사역의 대상자
들과 살지 않으셨습니다. 그들과는 '삶'을 나누지 않으셨습
니다. 즉, 예수님이 당신의 삶을 나눈 이웃은 '열두 제자'입
니다. 그리고 아주 동일한 의미로 열두 제자도 마찬가지입
니다. 제자들에게 예수님은, 가르침만 배우는 스승이 아닙
니다. 제자들의 '삶'을 나누는 스승이었던 것입니다.

위대한 예수의 가르침

예수님이 십자가에서 죽으시고, 부활하신 후에 신약 시대에는 두 그룹이 탄생합니다. 첫 번째 그룹은 예수님의 열두 제자들입니다. 이들은 예루살렘 주변을 지키면서, 유대인들을 향한 사역을 하였습니다. 그들은 '예루살렘교회'를 탄생시켰습니다. 두 번째 그룹은 바울의 사람들입니다. 이들은 안디옥에 거주하면서, 이방인들을 향한 사역을 하였습니다. 오늘날 '선교'라고 부르고 말하는 형태는 모두 바울이 보여준 사역의 내력입니다. 확실한 의미에서 바울은 열두 제자들보다 외연이 넓은 사람이고, 더 정확한 사람이고, 이해력이 탁월한 사람입니다. 그들은 '안디옥교회'를 탄생시켰습니다.

이 두 그룹이 서로 좋은 사이면 좋았겠지만, 안타깝게도 성경을 보면 이 두 그룹은 그리 좋은 사이가 아닙니다. 작은 교리 하나로 다투고, 작은 행동과 결정들로 다툽니다. 아주 유치하고 찬란하게 토라지고 싸우고 삐지고 다툽니다. 참 신기하지 않습니까? 당대 최고의 신앙인이자 사도들도 모이면 다툽니다. 또 서로 경쟁하기도 하죠. 그렇기에 우리는 이런 인간관계의 문법을 깊게 생각해볼 필요가 있습니다. 어쩌면 우리가 좋은 그리스도인이 된다는 것은, 만화 속 주인공과 같은 표정과 감정을 가지고 '하늘의 천사'

이웃

가 되는 것을 의미하는 것은 아닐 것입니다.

　여하튼 그 두 그룹의 주된 관심은 '예수님의 가르침'을 어떻게 해석하고 어떻게 구체적으로 실행하는지에 관해서입니다. 어쩌면 그런 결과물로 예수님의 열두 제자들은 예루살렘 주변에 있는 것이고, 바울의 사람들은 안디옥에 있는 것입니다. 그리고 안디옥교회는 바울을 중심으로 선교를 한 것이죠. 그런데 이 지점에서 중요한 질문을 해보려고 합니다. 예루살렘교회도 고민했고, 안디옥교회도 고민했던 그 '예수님의 가르침'이 무엇일까요? 베드로도 고민했고, 바울도 고민했던 그 예수님의 가르침이 무엇일까요? 진정 그대는 궁금하지 않습니까? 그 예수님의 가르침이라는 것이 무엇인지?

　물론 그대는 이런 질문 자체를 쉽게 생각할 것 같습니다. 그 이유는 그대의 손에 '성경'이 있기 때문입니다. 동네서점 어디에 가서도 살 수 있고, 심지어 고속도로 편의점에서도 살 수 있는 '성경'이 그대의 손에 항상 있기 때문입니다. 그 성경 중 신약성경은 사복음서와 바울서신들로 되어있고, 비교적 꽤 정확한 문자로 어떤 가르침에 대해서 명확하게 말해주니, 고민할 것이 없어 보입니다. 그쵸? 그런데 당시 AD 1세기에는 어떠했을까요? 그들의 손에도 '신약성경'이 들려 있었을까요? 더 나아가 성경이 있다 한들,

그것을 언제나 어디서나 손쉽게 구할 수 있는 것들이었을까요? 결코 아닙니다. 그들의 손엔 '신약성경'이 없습니다. 예수의 가르침에 관한 구비전승narrative만 있을 뿐입니다. 그렇기에 그들은 더욱 고민하고 더욱 신중할 수밖에 없었습니다.

그렇다면 당시 1세기에, 다른 종교들과 확연하게 다르고 독특한, '예수님의 가르침'은 무엇이었을까요? 여러 가지 추론의 과정과 신학의 과정을 설명드려야 하는데, 시간이 없습니다. 그렇기에 결론적으로 이야기하면, 그것은 다음과 같습니다.

'악을 악으로 갚지 말고 선으로 악을 갚아라'입니다. 몇 가지 말씀을 보겠습니다.

> 아무에게도 악을 악으로 갚지 말고
> 모든 사람 앞에서 선한 일을 도모하라
> 악에게 지지 말고 선으로 악을 이기라
>
> 로마서 12장 17, 21절

> 삼가 누가 누구에게든지 악으로 악을 갚지 말게 하고
> 서로 대하든지 모든 사람을 대하든지 항상 선을 따르라
>
> 데살로니가전서 5장 15절

이웃

악을 악으로, 욕을 욕으로 갚지 말고 도리어 복을 빌라

이를 위하여 너희가 부르심을 받았으니

이는 복을 이어받게 하려 하심이라

베드로전서 3장 9절

그대는 저의 말을 오해해서는 안 됩니다. 예수님의 이 가르침이, 예수님의 가르침의 전부를 말하는 것은 결코 아닙니다. 분명 예수님은 더 많은 것들을 가르치셨습니다. 그러나 예수님의 애민愛民과 십자가의 죽음과 부활, 그리고 그분의 가르침과 행동들을 다시 회고해보았을 때, 그것은 이런 단순한 문장을 만듭니다. "악을 악으로 갚지 말고 선으로 악을 갚아라." 이것이 1세기 기독교의 독특한 정신이자 정서입니다. 또 위대한 신앙입니다.

이 가르침을 중심으로, 열두 제자들과 바울은 다양한 적용을 했을 것입니다. 그리고 예수님이 알려주신 '선행', '선함', '사랑', '은혜' 등등을, 당시의 모든 것들에 적용하고 해석해보았을 것입니다. 심지어 당시의 악한 세력과 악한 결과들에도 적용했습니다. 그렇기에 그들은 실제로 오른뺨을 치면 왼뺨도 대었고, 속옷을 빼앗고자 하는 자들에게 겉옷까지 내어주었으며, 오 리를 가자고 하는데 십 리를 같이 걸어주었습니다. 그들은 굶주리고 춥고 헐벗고 매 맞고 괴

롭지만, 저들을 더욱 부요하게 하고 풍성하게 했던 이들입니다. 그 모든 것이 예수의 삶으로 보인, '악을 악으로 갚지 않고 선으로 악을 갚는 신앙'인 것입니다.

바울이 말하는 이웃

그런데 바울은 이 위대한 예수님의 가르침에 더 구체적인 적용을 합니다. 그것은 그 '선행', '선함', '사랑', '은혜', '헌신', 그리고 '인내와 고난'까지 적용해야 하는 대상을 정확하게 한 것입니다. 바울은 이 위대한 가르침을 누구에게 적용했을까요? 갈라디아서 말씀을 봅시다.

> 우리가 선을 행하되 낙심하지 말지니
> 포기하지 아니하면 때가 이르매 거두리라
> 그러므로 우리는 기회 있는 대로
> 모든 이에게 착한 일을 하되
> 더욱 믿음의 가정들에게 할지니라
>
> 갈라디아서 6장 9-10절

저는 지금부터 아주 중요한 이야기를 하려고 합니다. 그러니 이다음부터 집중해서 읽어주시길 바랍니다.

이웃

바울은 그 선행의 대상, 그 사랑의 대상을 이중적으로, 그리고 우선순위로 이렇게 표현합니다. 첫 번째 '모든 이들에게' 착한 일을 하되, 두 번째 '더욱 믿음의 가정들에게' 그렇게 하라는 것입니다. 표면적인 문장을 보게 되면, '모든 이들에게' 사랑을 전제로 한 것 같습니다. 물론 그렇게 보아도 전혀 문제될 것은 없습니다. 그러나 이 문장은 바울의 이면적인 독특한 문법이 강조된 것입니다. 그건, 결국 뒤에 있는 내용을 강조하는 것이죠. 섬세하게 보면, 우리 성경으로 봐도 그게 보입니다. '더욱 믿음의 가정들에게' 입니다. 국어로는 단순히 '더욱'이지만, 헬라어로는 "특별히", "매우 무엇보다"를 뜻하는 '말리스타'(μάλιστα)입니다. 누가 봐도 뒤의 내용을 강조하는 문법입니다. 이것이 바울 특유의 수사학입니다.

즉, 바울은 집중력을 가지고, 우선순위를 가지고 행해야 할 선행의 대상, 사랑의 대상이 '믿음의 가정'이라고 하는 것입니다. 구체적으로 바울에게 그것은 '교회'였습니다. 즉, 바울에게도 그의 이웃은 오직 '교회'였습니다. 실제로 바울의 신학이 고스란히 녹아 있는 바울서신을 구체적으로 보면, 재미있는 플롯plot을 가지고 있습니다. 첫 번째는 교회가 가지고 있는 문제에 관하여 이야기합니다. 두 번째는 교리적인 차원의 논쟁을 합니다. 세 번째는 결국, 교회 구성원들을 향한 구체적인 권면들입니다. 즉, 바울서신 마지막엔 언제나 공동체를 향한 권면들이 있습니다. 그런데 그 권면들은 결국 서로를 더 사랑하는 것이고, 서로를 더 알아주는 것이고, 서로의 아픔과 괴로움을 알아봐주라는 것입니다. 어쩌면, 그 '관계'의 지점부터, 교회의 문제가 해소될 수 있다고 생각한 것이 아닐까요? 여하튼 바울은 '교회' 안에 있는 관계에 대한 무한한 사랑과 가능성, 그리고 위대함을 자주자주 이야기합니다. 그리고 다시 한번 강조하면, 예수님의 이웃도 오직 '열두 제자'였습니다.

물론, 그대는 이 말을 들으면서 이런 생각을 하는지 모르겠습니다.

'기독교는 사랑의 종교인데, 이게 말이 되나?'
'이건 끼리끼리 사랑하라는 소리가 아닌가?'
'원수도 사랑하고 죄인도 사랑하고
모든 사람도 다 사랑해야지, 이게 뭔가?'

그죠? 그대는 기독교라는 관념과 상식으로 이런 생각을 할 것입니다. 그러나 그대의 생각에 이런 한 마디를 덧붙이고 싶습니다. 그 모든 사랑의 당위성을 논하기 전에, 분명 기독교는 서로 사랑하라고 강조하는 종교입니다.

이웃

새 계명을 너희에게 주노니 서로 사랑하라

내가 너희를 사랑한 것같이 너희도 서로 사랑하라

너희가 서로 사랑하면

이로써 모든 사람이 너희가 내 제자인 줄 알리라

요한복음 13장 34-35절

내 계명은 곧 내가 너희를 사랑한 것같이

너희도 서로 사랑하라 하는 이것이니라

요한복음 15장 12절

내가 이것을 너희에게 명함은

너희로 서로 사랑하게 하려 함이라

요한복음 15장 17절

형제 사랑에 관하여는 너희에게 쓸 것이 없음은

너희들 자신이 하나님의 가르치심을 받아 서로 사랑함이라

데살로니가전서 4장 9절

형제들아 우리가 너희를 위하여 항상 하나님께 감사할지니

이것이 당연함은 너희 믿음이 더욱 자라고

너희가 다 각기 서로 사랑함이 풍성함이니

무엇보다도 뜨겁게 서로 사랑할지니

사랑은 허다한 죄를 덮느니라

베드로전서 4장 8절

우리는 서로 사랑할지니 이는 너희가 처음부터 들은 소식이라

요한일서 3장 11절

그의 계명은 이것이니 곧 그 아들 예수 그리스도의 이름을 믿고

그가 우리에게 주신 계명대로 서로 사랑할 것이니라

요한일서 3장 23절

사랑하는 자들아 우리가 서로 사랑하자

사랑은 하나님께 속한 것이니

사랑하는 자마다 하나님으로부터 나서 하나님을 알고

요한일서 4장 7절

사랑하는 자들아 하나님이 이같이 우리를 사랑하셨은즉

우리도 서로 사랑하는 것이 마땅하도다

요한일서 4장 11절

　　　　　　　　　　이웃

어느 때나 하나님을 본 사람이 없으되

만일 우리가 서로 사랑하면 하나님이 우리 안에 거하시고

그의 사랑이 우리 안에 온전히 이루어지느니라

부녀여, 내가 이제 네게 구하노니 서로 사랑하자

이는 새 계명같이 네게 쓰는 것이 아니요

처음부터 우리가 가진 것이라

　천천히 본문에 있는 성경 말씀을 봅시다. 무엇을 말하고 있는 것일까요? 그건, 대부분 '새 계명'이라는 것에 관한 이야기들입니다. 그런데 '새 계명'이란 무엇일까요? '새 계명'이 있다면, '옛 계명'도 있는 걸까요? 성경에 적혀 있는 문자를 오늘의 함의적 시선에서 바라볼 땐, 이런 이야기를 그리 대수롭지 않게 여길 수도 있습니다. 더 나아가 오늘날이라는 인식과 상식의 지평으로 보았을 때, '새 계명'이라는 것은, 'NEW'(새로운)을 생각할지도 모르겠습니다. 물론, 그렇게 보아도 전혀 상관이 없습니다. 성경은 포용력이 큰 편이니까요. 그러나 성경에서 새 계명이라는 대화가 나올 때는 공통적인 어떤 문법들이 있습니다. 그건, 본문의 주인공들이

그 전에 있는 계명들에 관해서 충분히 이야기하고, 그것을 토대로 그 계명을, 그 상황 속에서 '다시 해석'하거나, '재해석'하는 것입니다. 그리고 그것은 그런 일련의 과정을 거치면서, 그 의미들을 더 확고하게 의미화하고 상징화를 하며, 다시 되새기는 것입니다. 즉, 저기 있는 수많은 본문들이 말하는 '새 계명'은 "서로 사랑하라"는 그리스도의 명령을 좀 더 확고하게 여기고, 의미화를 하며, 상징화를 하는 것이죠. 그리고 결국 그 일련의 과정을 거친 '새 계명'이란, 공동체 안에 있는 '서로'를 더 깊이 사랑해주라고 요구합니다.

죽음을 사용한 가르침

다른 복음서들에 비해서 요한복음은 예수님이 십자가를 지기 전의 상황에 대해 비교적 구체적으로 묘사해줍니다. 십자가를 지기 전에 마음은 어떠했는지, 또 십자가를 지고 나서의 상황은 어떻게 변화되었는지를 말해줍니다. 어쩌면 요한복음의 저자인, 사도 요한이 예수님을 가장 사랑했는지도 모르겠습니다. 그 이유는, 예수님의 모든 감정과 떨림, 그리고 고뇌와 고민마저도 다 기록하려 노력하기 때문입니다. 이건 진정 깊은 사랑과 존경이 없이는 불가능한 관찰들입니다.

그런데 그런 모든 의미를 담아서, 요한복음에 아주 특이한 가르침이 있습니다.

> 유월절 전에 예수께서 자기가 세상을 떠나
>
> 아버지께로 돌아가실 때가 이른 줄 아시고
>
> 세상에 있는 자기 사람들을 사랑하시되 끝까지 사랑하시니라
>
> 요한복음 13장 1절

그대의 눈에는 이 단순한 한 구절이, 왜 특이한지 모를 것입니다. 더 나아가 이 한 구절의 특별함을 전혀 느낄 수 없을 것입니다. 그러나 이 구절에는, 예수님의 위대한 생의 의미를 녹인 가르침이 있습니다. 그것은 예수님이 '죽기 전에' 무엇을 가르치셨는지에 관한 교훈입니다. 아니, 다르게 표현해봅니다. 예수님이 '죽음 앞에서도' 무엇을 가르치셨는지에 관한 교훈입니다. 아니, 다르게 표현해봅니다. 예수님이 '죽음을 통해서' 무엇을 가르치고 싶었는지에 관한 교훈입니다. 즉, 예수님의 생의 모든 의미를 담고 있는, 밀도 있는 가르침인 것이죠. 그것은 정확한 구분을 보여줍니다.

> 세상에 있는 자기 사람들을 사랑하시되 끝까지 사랑하시니라
>
> 요한복음 13장 1절下

예수님은 세상에 있는 '모든 사람'을 사랑한 것이 아닙니다. 세상에 있는 '자기의 사람'을 사랑하신 것입니다. 그리고 가장 보통의 유언처럼, 죽음의 시간을 사용하여 '자기의 사람'들에게 아주 소중한 가르침을 준 것입니다. 그러면 그것이 무엇일까요?

저녁 잡수시던 자리에서 일어나 겉옷을 벗고
수건을 가져다가 허리에 두르시고
이에 대야에 물을 떠서 제자들의 발을 씻으시고
그 두르신 수건으로 닦기를 시작하여

요한복음 13장 4-5절

그것은 제자들의 발을 씻기신 것입니다. 이건 단순한 행동이 아닙니다. 또 어떤 쇼맨십showmanship도 아닙니다. 이건 진정 놀라운 행동입니다. 그대여 깊이, 깊이 헤아려봅시다. 그대가 죽음에 이른다면, 그대는 과연 이런 행동을 할 수 있을까요? 죽음에 이른 사람은 결코 이런 행동을 할 수 없습니다. 무엇보다 놀라운 것은, 예수님이 생의 그 마지막 시간에 더욱 확고한 언어로, 자신의 메시지를 전달한 것입니다. 그건 '언어의 가르침'이 아니라, '행동의 가르침'입니다. 그 가르침은 바로 '서로가 서로를 사랑하는 의미'

이웃

에 관해서입니다. 그것이 예수님이 직접 겉옷을 벗고 수건을 가져다가 허리에 두르고, 제자들보다 낮은 포지션으로 허리를 숙이고, 무릎을 꿇고, 그들의 발을 씻기는 '행동의 가르침'으로 보이신 것입니다.

서로의 발을 씻겨주어라

저는 예수님의 이 마지막 모습을 생각할수록 놀랍습니다. 제자들의 발을 씻기는 행동으로 보여준 가르침, 골고다의 십자가를 지시는 행동으로 보여준 가르침, 그리고 무엇보다 죽기까지 순종하는 모습을 행동으로 보여준 가르침. 그건 언어의 가르침이 아니었던 것입니다. 모두 행동의 가르침이었던 것입니다.

그런데 이쯤에서 중요한 매듭을 지어봅시다. 그래서, "서로 사랑하라"는 것은 어떻게 하는 것일까요? 얼핏 보면, 이 말은 참 공허한 문장일 수도 있습니다. 그 이유는 굳이 그리스도인이 아니더라도, 이 세상에는 서로 사랑하는 모양이 참으로 많이 있기 때문입니다. 죄인들도 서로의 이익과 유익이 된다면, 서로를 사랑합니다. 더 나아가 하나님을 모르는 사람들도 그 정도의 사랑의 상식이 있습니다. 모두가 사랑이라고 느낄 수 있는, 대신 밥값을 계산해주고,

먼저 인사를 하고, 눈 오는 날 내 집 앞을 청소하고, 경조사를 먼저 챙기는 것 등등입니다. 굳이 언어로 표현하지 않아도 모두가 알고 있는 방식들이 있죠. 더 나아가 만약 이런 방식으로 일관되게 서로를 사랑한다면, 이건 진정 훌륭한 것입니다. 그것을 부인할 수는 없습니다. 그런, 매듭을 지어봅니다. 과연 그 정도의 방식으로 서로를 사랑하는 것이, 예수 그리스도께서 제자들의 발을 씻기신 의미일까요?

사실 서로 사랑한다는 행위의 의미 자체에, 어떤 교과서 같은 방법론이 있는 것은 아닙니다. 그대가 알고 있듯이, 사랑은 정해진 규범이 아니죠. 사랑이란, 마음에 있는 최대한의 감정을, 최소한의 사람들마저도 공감할 수 있고, 공유할 수 있는 예의 속에서 표현되는 것입니다. 그렇기에 어떤 사람에겐, '사랑한다'라는 의미로 화려한 선물을 줘도, 그것이 폭력과 혐오가 될 수도 있습니다. 또 완전히 반대로 어떤 사람들에겐 "밥 먹었냐?"라는 최소한의 물음에, 가격과 무게를 숫자로 환원할 수 없는 사랑의 감정이 되기도 합니다. 사랑엔 방식도 방법도, 있기도 하고 없기도 한 것입니다. 왜냐하면 사랑에는 표면으로 드러나지 않는 진심과 관심과 관계들이 더 중요한 언덕들이기 때문입니다.

그러나 예수님의 사랑의 방식인 '서로의 발을 씻겨주는' 행동에는 어떤 정확한 의미들이 있습니다. 그 이유는

이웃

본문을 깊게 보면 알 수 있습니다. 예수님은 마치, 이 행동이 어떤 의미인지 모두가 아는 것처럼 이야기를 하십니다. 천천히 요한복음 13장 12-15절을 봅시다.

그들의 발을 씻으신 후에 옷을 입으시고
다시 앉아 그들에게 이르시되
내가 너희에게 행한 것을 너희가 아느냐
너희가 나를 선생이라 또는 주라 하니
너희 말이 옳도다 내가 그러하다
내가 주와 또는 선생이 되어 너희 발을 씻었으니
너희도 서로 발을 씻어주는 것이 옳으니라
내가 너희에게 행한 것같이
너희도 행하게 하려 하여 본을 보였노라

요한복음 13장 12-15절

당시 유대 사회에서 보통의 의미로, 발을 씻긴다는 행위는 두 가지 의미입니다. 첫 번째는 어느 집안의 주인이 손님을 맞이할 때 하는 행동입니다. 유대 팔레스타인 지역은 바람과 먼지가 많습니다. 그렇기에 언제나 그 환경적인 요소로 인한 문화들이 많이 있습니다. 대표적인 것이 그들의 의복에 관한 것들입니다. 그중에서도 그들의 신발은 생각할 요소가 많이 있습니다. 우리나라야, 신발의 종류가 매우 다양합니다. 운동화, 농구화, 등산화, 러닝화, 슬리퍼, 샌들, 구두, 하이힐, 로퍼, 메리제인, 펌프스, 슬링백 등등 그 종류를 다 헤아릴 수 없습니다. 그러나 이스라엘은 매우 단순합니다. 모두 다 샌들sandal 종류입니다. 모두 다 바람과 먼지를 해소하기 위한 방법입니다.

우리의 관점에서야, '먼지를 막는 운동화나 구두를 신는 것이 더 효율적이지 않은가?'라고 생각할지 모르겠습니다. 그러나 그들의 문화에서는, 차라리 발을 자주 씻는 것이 더 안전하고 좋은 것입니다. 그렇기에 그들은 초대한 손님에게 가장 먼저 먼지와 모래가 가득한 발을 씻을 물을 제공합니다. 마치 우리가 어디에 가든지 먼저 손을 씻는 것과 같지요. 그런데, 그 발 씻음은 스스로 하는 행위입니다. 결코 타인이 해주지 않습니다. 만약, 타인이 그 일을 해준다면, 그것은 아주 품격 있는 집에 들어갈 때 해당되는 행동입니다. 혹은 왕의 부름을 받아 왕국에 들어갈 때 하는 규례입니다. 그곳에서는 종이, 손님들의 발을 씻어줍니다. 그리고 그것이 유대 사람이라면, 모두가 알고 있는 '타인의 발을 씻겨주는' 가장 보편적인 의미입니다.

예수님은 그들의 발을 씻겨줍니다. 마치 왕국에 들어갈 어떤 사람들을 예우하듯이 말입니다. 품격이 높은 집에

이웃

들어갈 어떤 사람들에게 예우하듯이 말입니다. 어쩌면 예언자처럼 그들이 결국 하나님나라에 들어갈 사람이라는 것을 예표하는 것인지도 모르겠습니다. 더 나아가 지금 그 행동을 예수님이 직접 하고 있습니다. 그분이 친히 종이 되어서, 그들을 하나님나라까지 안전하게 인도해주는 종의 모습으로 말입니다. 또 하나님나라를 가장 앞서 맞이해줄 종의 모습으로 말입니다. 그런데 여기서 정말 정말 중요한 것은 '서로'입니다. 즉, 예수님은 그대 혼자만의 발을 씻겨주신 것이 아닙니다. 그대와 함께하고 있는, 그 옆 사람, 그 앞사람, 그 뒷사람을 모두 씻겨준 것입니다.

그대는 그리스도인의 '서로 사랑'에 관해서 어떻게 이해를 하셨는지 모르겠습니다. 조금 솔직해집시다. 이해는커녕, '서로 사랑'에 대해서 배우지도 못했을 것입니다. 역설적이지만, 사랑을 강조하는 기독교는 '어떻게', '무엇을', '언제', '어디서', '어떤 방법으로' 사랑해야 하는지에 대해서는 알려주지 않습니다. 아니 여기까지는 바라지도 않습니다. 가장 중요한 영역인 '교회 공동체'로서 '서로'의 대상성에 대해서도 충분히 인식할 수 있는 기회를 제공하지 않습니다. 그래서 너무나 슬픈 건, 우리는 서로의 존재를 '기호와 취향'에 맞는 교회를 다니는 하나의 구성원 정도로 여겼을지도 모르겠습니다. 마치 자전거 동호회에서, 서로의 공통점인 '자전거'를 사랑하는 사람이 모임을 하듯이요. 마치 산악 동호회에서, 서로의 공동의 관심사인 '산'을 사랑하는 사람들이 모임을 하듯이요. 그러나 교회는 그런 곳이 아닙니다. 더 나아가 교회 공동체원이라고 할 수 있는 '서로'는 그런 대상들이 아닙니다. 우리가 서로가 되고, 서로가 우리가 되는 교회의 구성원은, 결국 '하나님나라'를 함께 열어갈 대상인 것입니다. 이 지점을 발견하지 못하면, 결국 이웃에 대한 사랑의 인식도 할 수 없습니다.

예수님이 제자들의 발을 씻기면서, 그들에게 섬김의 본을 보이셨습니다. 그 섬김은 나만을 위해서 존재하는 것이 아닙니다. 나의 옆에 있는 사람에게도 동일한 것입니다. 그런 '서로'는 예수님이 스스로 종이 되어 발을 씻어줄 만큼, 귀하고 아름다우며, 소중한 존재라는 것을 일깨워준 것입니다. 그 이유는 결국 그들이 하나님나라에 함께 들어갈 동역자들이기 때문입니다. 이 공동체에 있는 '나' 혼자가 아니라, '너'와 함께 말입니다.

물론 잘 알고 있습니다. 그대가 다니는 교회의 구성원을 생각할 때, 한숨만 나오는 사람들뿐이라는 것을요. 모두 그대보다 못 배운 사람들 같고, 그대보다 사회적 위치도 낮은 것 같고, 또한 웃음의 코드도 맞지 않을 것입니다. 사회를 해석하는 방법도, 문제를 인식하는 방향도, 그것들을 해결하는 방식도 모두 다를 것입니다. 심지어 매주 함께 예배 후, 식사하는 '김치'의 취향마저도 다르겠죠. 굳이 상세한 이유들을 나열하지 않아도, 그대와 함께하는 그들의 조합이 눈에 그려집니다. 제가 어떻게 아느냐고요? 사실 모든 교회가 그런 모습이기 때문입니다. 더 나아가 예수님의 열두 제자도 마찬가지였을 것입니다. 서로에 대한 경쟁심과 응원, 그리고 존경도 있었겠지만, 동일한 무게감으로 서로에 대한 엄청난 실망감과 비웃음, 그리고 냉정함과 무정함도 있었을 것입니다. 본디 사람과 사람의 모임이란 비슷한 내력을 가지고 있습니다.

그러나 그 지점에서 예수님은 스스로 종이 되어 서로의 발을 닦아주시면서 잃어버린 인식을 일깨워준 것입니다. 천국은 '혼자 가는 나라'가 아니라는 것을요. 더 나아가 '나만 갈 수 있는 나라'도 아니라는 것을요. 무엇보다 천국은 '혼자만의 나라'가 아니라는 지점입니다. (사실 요즘은 천국을 이렇게 인식하고 있는지도 모르겠습니다.) 천국은 나의 기호와 생각과 뜻과 전혀 달라도, 서로가 함께 가는 나라입니다. 그것이 서로가 우리가 되고, 우리가 서로가 되는 신비입니다. 예수님이 스스로 종이 되어 발을 씻겨주셨을 때는, '내' 앞에서 '너'의 발을 씻겨준 것입니다. 그러니 그대가 '나와 너'의 관계에 있어서, 꼭 인정해야 하는 부분이 있습니다. 하나님 앞에서는 '너'도 있고, '나'도 있다는 아주 당연한 사실입니다. 그리고 더 나아가 '너'가 존재하니, 여기에 '나'도 존재한다는 공동체성입니다.

당시 유대 사회에서 발을 씻겨주는 두 번째 의미가 있습니다. 그것은 제의적 의미입니다. 유대인들은 예배를 드릴 때 신발을 벗습니다. 그 이유는 모세가 하나님을 만났을 때, 하나님의 명령법 때문에 그렇습니다.

하나님이 이르시되 이리로 가까이 오지 말라
네가 선 곳은 거룩한 땅이니 네 발에서 신을 벗으라

출애굽기 3장 5절

유대인들에게 이 사건은 아주 중요한 것입니다. 여기에서부터 이스라엘의 역사가 시작된다고 생각하기 때문입니다. 유대 사회에서 제사장들은 성전에서 일을 할 때 맨발로 일을 해야 했습니다. 심지어 오늘날에도 동일합니다. 유대 사회에서 제사장들은 회중에게 축도하기 위해 설교단에 오를 때 신발을 벗습니다. 또한 대속죄일이나 티샤 브아베(Tisha B'Av)에는 회당에서 예배를 드릴 때, 모든 유대인들이 신발을 벗습니다. '티샤 베아브'에는 성전을 잃어버린 슬픔을 표현하기 위해 신발을 벗는 것입니다. 그리고 대속죄일에도 자책하고 참회하는 마음으로 신발을 벗습니다. 즉 쉽게 정리하면, 그들은 하나님께 나아갈 때, 경건의 방법으로 신발을 벗습니다. 그것이 그들의 신앙고백입니다.

그런데 그대는 이런 생각을 할 것 같습니다.

'신발을 벗는 것'과 '발을 씻기는 것'이 무슨 의미가 있나?

여기엔 아주 중요한 의미가 있습니다. 그건, 예수님이 '발을 씻기셨던' 대화의 종착지를 보면 알 수 있습니다. 요한복음 13장 12-15절을 다시 보겠습니다. 그러나, 내러티브의 관점에서 봅시다.

> A : 내가 너희에게 행한 것의 의미를 너희가 아느냐
> A-1 : 내가 주와 선생이 되어 너희의 발을 씻겼으니,
> 너희도 서로의 발을 씻어주는 것이 옳다
> A-2 : 내가 이렇게 행동으로 본을 보인 이유는,
> 너희도 서로에게 이렇게 행동하게 하기 위함이다
>
> 요한복음 13장 12-15절

예수님의 이 가르침은 참으로 특이하게, 상대의 반응이 없습니다. 오직 예수님의 일방적인 대화만 있을 뿐입니

다. 가장 보통의 대화는 A와 B의 대화입니다. 그런데, 이 예수님의 대화엔 B의 대화가 없습니다. 'A'와 'A-1', 'A-2'의 대화가 연속될 뿐입니다. 그런데 같은 말의 반복이 아니라, 한 가지 대화를 가지고, 결국 어떤 결론까지 이르게 하는 논리적 전개입니다. 또 강조법입니다. 그건 결국 예수님뿐만 아니라, 제자들이 '서로가 서로의 발을 씻기는 행동'에 동참하는 것을 강조하기 위해서입니다.

신을 벗는 행위가 당시에 예배의 행위와 깊은 관련이 있다고 했습니다. 그것은 오늘날까지도 유대교에서 살아 있는 예배의 모습입니다. 그런데 예배가 무엇입니까? 그건 인간이 하나님을 만나는 의미입니다. 그런데 이번에도 예수님은 '나만 하나님 앞에' 나아가는 것이 아님을 강조합니다. 하나님을 만날 때는 서로 도와주어야 합니다. 더 정확한 의미는 서로의 도움이 없이는 하나님 앞에 나아갈 수가 없습니다. 사실 예수님은 이 부분에 대해서 자주 강조하셨습니다.

> 그러므로 누구든지 이 계명 중의
> 지극히 작은 것 하나라도 버리고
> 또 그같이 사람을 가르치는 자는
> 천국에서 지극히 작다 일컬음을 받을 것이요
> 누구든지 이를 행하며 가르치는 자는

이웃

천국에서 크다 일컬음을 받으리라

내가 너희에게 이르노니

너희 의가 서기관과 바리새인보다 더 낫지 못하면

결코 천국에 들어가지 못하리라

마태복음 5장 19-20절

너희 중에 큰 자는 너희를 섬기는 자가 되어야 하리라

누구든지 자기를 높이는 자는 낮아지고

누구든지 자기를 낮추는 자는 높아지리라

화 있을진저 외식하는 서기관들과 바리새인들이여

너희는 천국 문을 사람들 앞에서 닫고 너희도 들어가지 않고

들어가려 하는 자도 들어가지 못하게 하는도다

마태복음 23장 11-13절

그대가 알고 있는 천국에 들어가는 방법은 '믿음으로' 혹은 '은혜로'라는 '이신칭의'의 개념이 강합니다. 이건 종교개혁자들이 수많은 논쟁과 경험의 과정 속에서, 우리에게 깨달음을 준, 놀라운 발견입니다. 또 아름다운 유산입니다. 그러나 1세기 유대 사회에서는 다른 논쟁이 더 중요했습니다. 그것은 율법이 요구하는 삶의 일치였습니다. 거기에 구원의 출입이 있습니다.

그래서 본문 속의 예수님은 이신칭의以信稱義라는 개념으로, 천국의 출입을 말하지 않습니다. 그대가 이해하기에 아주 이상한 문법이겠지만, 겸손과 개인의 낮아짐에 대해서 이야기를 합니다. 거기에 천국의 출입이 있다고 하는 것이죠. 왜냐하면 그것이 율법의 참된 요구이기 때문입니다. 율법은 인간의 높아짐을 요구하지 않습니다. 인간에게 겸손함과 낮아짐을 요구합니다. 그리고 그 낮아짐이라는 기준은 '섬김'입니다. 섬김을 위해서 낮아진 이들에게 천국이 있다는 것이죠. 그리고 그것을 알고도 이행하지 않는 바리새인들을 비판합니다.

　예수님은 제자들의 발을 씻기셨습니다. 그러나 거기서 끝이 아니라, 서로가 서로의 발을 씻기길 원하셨습니다. 그것이 죽음 앞에서도, 종의 모습으로 본을 보이신 예수님의 행동의 가르침입니다. 유대인들의 관습인 신을 벗고 예배에 나아가서 하나님을 만날 때, 그것이 개인화로서 의미의 종착지가 되지 않기를 원하셨습니다. 하나님을 만날 때는 서로가 서로에게 도움을 주고, 관심을 주는 지점까지 가기를 원하셨습니다.

이웃

낮아짐

그대는 그대의 교회생활을 돌아보시기 바랍니다. 보통 이런 말을 하면, 타인의 예배생활과 태도에 대해서 생각합니다. 그리고 타인의 삶, 타인의 언어에 대해서만 생각합니다. 그러나 오늘 같은 날엔, 그대 자신을 깊이 고민해보기를 바랍니다. 교회 공동체 안에서 그대는 어떤 섬김을 하고 있습니까? 나의 옆 사람을 위해서 어떤 실천적 섬김을 하고 있습니까? 나의 옆 사람이 하나님을 만나는 지점에서 어떤 발을 씻겨주고 있습니까? 혹은 이런 행위들을 교회의 봉사 직무 정도로 국한시켜서 이해하는 것 아닙니까? 더 나아가 이런 역할은, 오직 목회자의 역할이라고 생각하는 것 아닌가요? 그래서 나는 섬김이라는 이름의 서비스를 받아야 하는 존재라고, 나의 존재를 정형화한 것은 아닐까요?

그대는 이 세상의 관계뿐만 아니라, 교회 안에서의 '관계'라는 영역에 있어서, 언제나 우월성과 우선성을 생각할 것입니다. 쉽게 말해서 그대가 모든 관계에 우월한 위치, 우선적 위치가 되는 것입니다. 그러나 관계를 이렇게 지리학적(?) 관점에서 이해하는 건, 망상입니다. 더 나아가 관계의 기술과 본질을 서열적 관점에서 발전시키려고 하는 건, 위험한 행동입니다. 성경은 단 한 번도 그렇게 말하고 있지 않으니 말입니다. 오히려 많은 부분에서 이런 말씀을 하시죠.

> 너희 중에는 그렇지 않아야 하나니
> 너희 중에 누구든지 크고자 하는 자는
> 너희를 섬기는 자가 되고
>
> 마태복음 20장 26절

　예수님이 이야기하신 이 관계의 방향과 무게감은 두고 두고 묵상해야 할 영역입니다. 그대가 준비하는 그 모든 노력과 연습들이, 결국 타인 위에 군림하기 위한 것이라면, 그대 스스로가 그대를 증명하는 것입니다. 그대도 가짜라고 말입니다. 모든 역사는 예수님의 말씀을 증언이라도 하듯이, 아주 정확하게 보여줍니다. "바벨탑을 쌓았던 모든 권력자들은 무너졌다"라고요. 그 길에 미학은 없습니다. 더 참혹한 소외만 있을 뿐입니다. 그러나 그대가 준비하는 모든 것들이 타인을 섬기기 위함이라면, 지금부터 아름답습니다. 작은 것들을 섬기고 나눌 때, 인간은 소외를 경험하지 않습니다. 오히려 나의 곁에, 누군가가 함께 있다는 것을 알게 될 것입니다. 그러니 관계에서 힘의 방향은 아주 중요합니다. 그대가 어떤 방향으로 지금의 힘을 쌓고 사용하는지에 따라서, 앞으로 그대의 관계는 많은 것들이 달라

이웃

져 있을 것입니다.

　성경에서 그대의 관계에 변화를 요구하는 방향은, 너무나 단순합니다. 그것은 '섬김'입니다. 그 섬김이란, 사회적으로 신분이 낮은 사람이 굴종적으로 높은 사람의 시중을 드는 것이 아닙니다. 예수님이 말씀하신 섬김이란, 스스로 낮아지고 절제하고 작아지는 것입니다. 이런 걸 예수님은 자기부인自己否認이라고 하셨습니다. 그리고 자기부인이 없는 예수시인은 모두 거짓입니다.

　교회 안에서 '나와 너'의 관계에 있어서 가장 중요한 스스로의 의식은, '스스로 낮아짐'입니다. 제발, 정말 제발, 스스로 낮아지면, 무시당하고, 손해를 보고, 왕따를 당한다는 의심을 버렸으면 좋겠습니다. 교회가 진리의 집인 이상, 그대가 스스로 낮아질 때, 나의 옆 사람도 함께 낮아지는 진리의 현상을 경험할 것입니다. 그대가 스스로 낮아지지 못하기에, 타인도 그대를 향해서 스스로 낮아지지 못하는 것입니다. 그대가 스스로 섬김의 의식을 가지지 못하기에, 타인도 그대를 향해서 섬김의 의식을 가지지 못하는 것입니다. 설혹, 만약 그대가 교회 공동체를 향해서 스스로 낮아짐으로, 스스로 섬김으로, 손해를 보고, 우습게 되고, 무시당한다고 판단이 들면, 기뻐하십시오. 진정 기뻐하십시오. 천국에서 그대를 향한 상賞이 클 것입니다.

의를 위하여 박해를 받은 자는 복이 있나니 천국이 그들의 것임이라

나로 말미암아 너희를 욕하고 박해하고 거짓으로 너희를 거슬러

모든 악한 말을 할 때에는 너희에게 복이 있나니

기뻐하고 즐거워하라 하늘에서 너희의 상이 큼이라

너희 전에 있던 선지자들도 이같이 박해하였느니라

마태복음 5장 10-12절

'나와 너'

그리스도인은 참으로 독특합니다. 그 독특함을 아주 보통의 의미로서만 나열해봅니다. 우리는 밥을 먹을 때도, 일을 할 때도, 또 순간순간에도 기도합니다. 또 찬양합니다. 하나님을 찾습니다. 또 미약하지만, 하나님을 위해서 살고 싶습니다. 가장 괴롭고 외롭고 시린 날엔 예배를 사모합니다. 온 마음을 쏟고 기도하고 찬양하고, 하나님 말씀을 들으면, 아주 많이 회복됩니다. 근원을 알 수 없는 기쁨들이 창조됩니다. 심지어 우리는 교회에 다니면서, 헌금을 합니다. 정기적으로 매주 합니다. 물론 형편에 따라서 적게 할 때도 있지만, 마음 한켠에 늘 이런 소원이 있습니다. '하나님이 축복해주시면, 내가 하나님을 위해서, 교회를 위해서, 아.주.많.이.헌.금.할.거.다.' 심지어 이런 마음은, 어른

들뿐만 아니라 중고등학생 청년들에게도 있습니다.

깊게 생각해봅시다. 이런 단순한 것들이 보통의 그리스도인이 가지는, 가장 보통의 '상식'입니다. 그러나, 세상 사람들에겐 어떨까요? 완전한 '비상식'입니다. 그들은 우리를 결코 이해할 수 없습니다. 그래서 그리스도인들은 독특한 것입니다. 그런데 슬픈 건, 우리는 언제나 이 세상의 상식 앞에 인정을 받으려고 합니다. 이 세상의 관계에서 인정을 받으려고 합니다. 여기에 삶의 충실한 의미를 둡니다. 물론 의미가 없다는 것은 아닙니다. 이런 행동을 통해서, 전도가 가능해질 수 있으니 말입니다.

그러나 우리가 정말 소중하게 여기고 가꾸어야 할 관계는 '그리스도인'들과의 관계입니다. 그 이유는 우리가 독특하기 때문입니다. 독특한 그리스도인들에게 가장 소중한 관계는 '그리스도인'입니다. 언제나 어디서나 나의 마음을 이해해주고 응원해주며, 지지해줄 사람은 나의 옆에 있는 그리스도인밖에 없습니다.

그런데 너무나 슬픈 건, 그 아름다운 의미를 잃어버렸습니다. 대부분 신앙을 개인화로 여깁니다. 관계를 맺어야 하는 중요성은 알지만, 스스로 마음의 문을 여는 것을 어색해합니다. 더 나아가 스스로 삶을 여는 것을 경계합니다. 대부분, '나'는 가만히 있을 테니까, '너'가 나의 마음을 열기 위해서, 노력해주길 기다립니다. 사실 그것만큼 이기적인 관계의 태도가 없습니다. 그것만큼 무지한 관계의 태도가 없습니다. 무엇보다 그것만큼, 하나님을 모르는 행위가 없습니다. 예수님은 죽음 앞에서도, 죽음을 사용해서 '서로의 발을 씻기'셨습니다. 그러나 우리는 결코 그런 일을 하지 않습니다. 그 이유는 무엇일까요? 너무나 단순합니다. 결국 그 모든 것이,

귀찮고

피곤하고

수고롭고

돈이 아깝고

체력이 아깝고

시간이 아깝고

결국, 나에게 남는 것이 단 하나도 없다고 생각하기 때문입니다. '나'의 예배가 끝나면, 빨리 집에 가고 싶습니다. '너'와 함께하는 예배는 중요하지 않습니다. 그러나 그대여, 이런 생각들이 너무나 아름다운 주님의 교회를 하나도 아름답지 않게 만드는 생각들입니다. 위대한 교회의 힘을, 유치한 교회의 힘으로 만드는 생각입니다. 그것은 교회를

이웃

망치는 일입니다. 다른 누군가가 아니라, 그대가 교회를 이렇게 생각할 수 있습니다. 즉, 그대가 교회를 망치고 있는 것이죠. 아무 행동을 하지 않아도, 아무 의식을 가지지 않아도 말입니다. 사실, 대부분이 그렇습니다.

그러나 유장한 역사를 가지고 있는 교회의 의미 중 하나는 성도의 교제Sanctorum Communio입니다. 교회가 아름다운 이유도, 성찬식이 거룩한 이유도, 모두 하나님과의 교제와 함께 '성도의 교제'가 함께 있기 때문입니다. 무엇보다 그 잔인한 박해의 시간을 이겨낸 모든 동력도, '성도의 교제'가 서로에게 있었기 때문입니다.

성도의 교제는 단순히 대화가 오고가고가 아닙니다. '나'의 가치만큼 '너'를 발견하는 것입니다. 너의 가치, 너의 의미, 너의 힘, 너의 가능성, 너의 소식, 너의 이름, 너의 기쁨에 '나'의 존재가 물들어가는 것입니다. 성도의 교제 안에 있는 '너'의 의미를 발견하는 순간, '나'의 가치가 동일하게 탄생합니다. 그런데, 그것은 스스로 나의 낮아짐과 섬김으로밖에 할 수 없는 것입니다. 그리고 그렇게 서로가 서로에게 발견될 때, 돈으로도, 시간으로도, 에너지로도, 살 수 없는 것을 얻는 것입니다. 바로 '하나님나라'입니다. 사랑과 희락과 화평이 가득한 하나님나라입니다.

그러나 그대의 내면으로부터 올라오는 깊은 한숨도 알

고 있습니다. 이웃 사랑의 중요성도 알겠고, 그 이웃이 우리 교회 공동체원이라는 것도 알겠는데, 아주 현실적인 고민들이 올라올 것입니다. 그것은,

어디서부터 어디까지 너와 관계를 맺어야 하는지,
어떻게 너와 관계를 맺어야 하는지,
언제 너와 관계를 맺어야 하는지,
어떤 너와 관계를 맺어야 하는지에 관한
현실적인 고민들입니다.

누가 좋은 친구인가

지금부터는 '너'를 친구로 표현해봅니다. 그것이 더 현실적인 관계의 언어니까요. 우리가 살아가는 이 세상은, '친구'를 중요하게 생각합니다. 어릴 때부터 어른이 되기까지, 이 친구 관계를 중요하게 생각합니다. 물론 저도 그렇습니다. 자녀가 있는 부모라면, 자신의 자녀가 좋은 친구를 만날 수 있도록 무리한(?) 열심을 냅니다. 그래서 조금 과한 부모님들은, 자신의 자녀가 좋은 친구를 사귈 수 있도록, 좋은 동네, 좋은 학교, 성적이 좋은 모임으로 자신의 자녀를 인도합니다. 부모님들은 그렇게 자기 자녀들에게 좋

은 친구를 만들어주는 데 열심을 냅니다.

그러나 성인이 되면 이야기가 달라집니다. 좋은 친구라는 것을 취미, 생각, 놀이, 가치관, 궁합이 맞는 사람으로 생각합니다. 독일의 사회심리학자 에릭 에릭슨Erik Erikson은 그것을 사회적 활동이 갖는 '유머'라고 표현합니다. 즉, 유머가 맞는 사람들끼리 만난다는 것이죠. 그리고 유머가 맞지 않을 사람들을 멀리하게 됩니다. 물론 개인의 자유이기에 그럴 수 있겠습니다.

그러나 성경적 가치관에서 '좋은 친구란', 결코 이런 것이 아닙니다. 성경에서 말하는 좋은 친구란, 수동태로 표현할 수 있습니다. 바로 '좋은 친구가 되어주는 것'입니다. 혹시 저의 이야기가 말장난 같나요? 결코 아닙니다. 예수님은 실제로 당시의 사회적 약자였던 소경들, 귀머거리들, 창녀들, 세리들, 그리고 죄인이라 불리는 사람들에게, 친구가 되어주셨습니다.

인자는 와서 먹고 마시매 말하기를
보라 먹기를 탐하고 포도주를 즐기는 사람이요
세리와 죄인의 친구로다 하니
지혜는 그 행한 일로 인하여 옳다 함을 얻느니라
마태복음 11장 19절

인자는 와서 먹고 마시매

너희 말이 보라 먹기를 탐하고 포도주를 즐기는 사람이요

세리와 죄인의 친구로다 하니

누가복음 7장 34절

이것이 당시의 사람들이 이야기하는 관계적인 예수님의 모습이었습니다. 그분이 어울리는 사람들은, 이 사회에서 버림받은 사람들이었습니다. 그런데, 이 구절에서 그대는 중요한 시선을 보아야 합니다. 이 시선의 각도는 세 가지입니다.

첫 번째 시선의 각도는, 마태복음과 누가복음의 기자가 예수의 친구들(세리와 죄인)을 표현하는 이 구절을 남이 이야기하듯 말한다는 것입니다. 본문의 이야기를 봅시다. "포도주를 즐기는 사람이요 세리와 죄인의 친구로다 하니"(마 11:19), 그대는 이 문장이 뭔가 어색하지 않나요? 누가복음은 더 정확하게 인칭을 구분하여 말합니다. "너희 말이 보라 먹기를 탐하고 포도주를 즐기는 사람이요 세리와 죄인의 친구로다 하니"(눅 7:34). 즉 이것은 예수님의 말이 아니라, '너희 말이'입니다. 즉, 예수님을 보고 있는 사람들의 말이 '저렇다'라는 것입니다. 당시에 예수님을 보고 있는 사람들이 예수님을 향해서 이 말을 했다는 것이죠.

당시의 사회적 시선을 생각해볼 때, 그대는 한 가지를

생각할 수 있습니다. 그것은 지금 예수의 이런 행동을, 자신과는 전혀 상관이 없는 이야기로 표현하는 것입니다. 그리고 당시의 시대와는 전혀 다른 행동으로 표현한다는 것입니다. 즉, 예수는 당시의 사회적 시선과 편견이 가지는 것과는 전혀 다른 행동을 한 것입니다. 그래서 이것을 보는 사람은 인칭이 구분되어 객관적으로 보고 있는 것입니다.

두 번째 시선의 각도도 생각해봅시다. 이 사건을 주의 깊게 보아야 할 두 번째 시선은, 이 사건을 표현하는 문법입니다. 이 관계를 표현하는 정확한 순서입니다.

> 인자는 와서 먹고 마시매 말하기를
> 보라 먹기를 탐하고 포도주를 즐기는 사람이요
> 세리와 죄인의 친구로다 하니
> 지혜는 그 행한 일로 인하여 옳다 함을 얻느니라
>
> 마태복음 11장 19절

> 인자는 와서 먹고 마시매
> 너희 말이 보라 먹기를 탐하고 포도주를 즐기는 사람이요
> 세리와 죄인의 친구로다 하니
>
> 누가복음 7장 34절

이 구절을 깊게 보면, 성경의 기자는 관계의 순서를 이렇게 표현합니다. "세리와 죄인의 친구로다." 그대는 이 관계를 표현하는 순서를 보면서, 아무런 감각이 없을지도 모릅니다. 그러나 마태와 누가는, 의도적으로 정확하게 표현합니다. 예수의 친구가, '세리와 죄인'이 아니라, 세리와 죄인의 친구가 '예수'라는 것입니다. 이것은 참으로 심오한 표현입니다. 이 구절을 깊게 살펴보면, 이 관계에서 그 주도성을 갖는 주체가 예수가 아니라는 것을 알 수 있습니다. 관계에 있어서 주도성을 갖는 순서는 '세리와 죄인'입니다. 오히려 예수님은 그 옆에 있는 사람입니다. 그들의 곁이 되어주는 사람입니다. 그런 의미로서의 친구입니다. 우리가 사는 사회의 관계에서는 이런 풍경을 쉽게 볼 수 있습니다. 주도적인 인물들이 있고, 그 옆에 함께하는 무리들이 있습니다. 마치 영화 속 주연과 조연의 관계 같죠. 그리고 그 옆에 함께하는 사람들은 빛나지 않아 보일 수도 있습니다. 예수님의 위치가 바로 그 자리였습니다. 주변인의 자리, 옆의 자리, 곁이 되는 자리입니다. 스스로 충분히 낮아지신 것입니다. 그리고 그들을 섬기신 것입니다.

당시 1세기 유대 사회도 예수의 비범성을 알고 있습니다. 그분의 등장은 유대 사회 전체에 경계심을 만들어내었습니다. 그 주류가 바로 바리새파, 사두개파, 에세네파, 열심당원 등입니다. 심지어 로마의 정치와 군대도 예수를 향한 극렬한 경계심을 가졌습니다. 그 정도로 당시 예수의 행보는 모든 이들에게 예민한 것이었습니다. 그런 시대적 인물인 예수가, '세리와 죄인'의 관계에 있어서는 주인공 역할을 하지 않으신 것입니다. 충분히 그럴 수 있지만, 그들 옆에 머물러주시는 관계가 된 것입니다. 그리고 그 자리가 자신의 자리라고 생각하신 것이죠. 이것은 '나와 너'의 관계의 포지션에서 참으로 중요한 메시지를 전달합니다. 굳이 내가 주인공이 될 필요는 없습니다. 나의 힘과 나의 소유와 나의 지식을 사용해서, 모든 관계에서 내가 주연을 맡아서는 안 됩니다. 그건 세상 사람들이나 이해하는 관계의 기술들입니다. 거기엔 진실한 것들, 아름다운 것들이 탄생하지 않습니다. 기회만 있으면 서로의 등을 밟으려는 몸부림만 있을 뿐입니다. 오히려 옆에 있는 사람이 되어주는 것, 곁에 있는 사람이 되어주는 것, 그것이 더 아름다운 위치입니다. 그것이 수동태로서 그대가 '너'에게, '좋은 친구가 되어주는' 의미입니다.

세 번째 시선의 각도도 생각해봅시다. 그것은 원천적 관계가 아니라, 만들어진 관계라는 것입니다. 쉽게 표현해서 후천적 관계입니다. 마태복음과 누가복음의 이 이야기는 처음부터 예수님이 이들의 친구로서 존재한 것이 아니라, 나중에 이들에게 친구가 되어준 것입니다. 즉, 후천적인 관계입니다. 만들어낸 관계죠. 이것은 정말 중요한 것입니다. 그분은 당신의 제자들에게도 이렇게 말합니다.

그 사람이 자기를 옳게 보이려고 예수께 여짜오되

그러면 내 이웃이 누구니이까

예수께서 대답하여 이르시되

어떤 사람이 예루살렘에서 여리고로 내려가다가 강도를 만나매

강도들이 그 옷을 벗기고 때려

거의 죽은 것을 버리고 갔더라

마침 한 제사장이 그 길로 내려가다가

그를 보고 피하여 지나가고

또 이와 같이 한 레위인도 그 곳에 이르러

그를 보고 피하여 지나가되

어떤 사마리아 사람은 여행하는 중 거기 이르러

그를 보고 불쌍히 여겨 가까이 가서

기름과 포도주를 그 상처에 붓고 싸매고

자기 짐승에 태워 주막으로 데리고 가서 돌보아주니라

그 이튿날 그가 주막 주인에게

데나리온 둘을 내어주며 이르되

이 사람을 돌보아 주라

이웃

비용이 더 들면 내가 돌아올 때에 갚으리라 하였으니
네 생각에는 이 세 사람 중에
누가 강도 만난 자의 이웃이 되겠느냐
이르되 자비를 베푼 자니이다
예수께서 이르시되 가서 너도 이와 같이 하라 하시니라

누가복음 10장 29-37절

의미가 심장합니다. 예수님은 "누가 자신의 이웃이냐?"라고 묻는 질문에 위대한 대답을 하십니다. "너도 가서 이웃이 되어주어라"고 합니다. 그대가 좋은 친구가 되어주라고 말씀하십니다.

예수님은 좋은 친구가 있는 곳에 가서, 좋은 친구를 만나는 방법을 알지 못하십니다. 또 자기들끼리만의 취미, 기호, 성격, 공통점이 맞는, 그런 유머의 집단을 그다지 좋아하지도 않습니다. 성경이 진리의 책일진대, 관계에 있어서 그런 방식을 이야기하지 않습니다. 즉, 그런 관계의 방식들이, 성경의 진리가 요구하는 방식이 아닌 것입니다. 그 이유는 결국 이런 방식들이 가지는 한계성을 알기 때문입니다. 이런 방법으로 헤롯과 빌라도가 친구가 되었기 때문입니다.

헤롯과 빌라도가 전에는 원수였으나 당일에 서로 친구가 되니라

누가복음 23장 12절

좋은 친구가 되어주어라

'나와 너'의 관계에 있어서, 진정 고려해야 할 것은 '너의 문제'가 아닙니다. 성경의 대답은 '나의 문제'라고 합니다. 성경에서 말하는 '좋은 친구'란, "내가 너에게 좋은 친구가 되어주는 것"입니다. 관계의 온도와 무게와 위치에 있어서, 그렇게 관계를 섬세하게 만들어낼 것을 이야기합니다. 이것이 성경에서 교회 공동체에게 요구하는 진리의 방식입니다.

물론, 그대가 다가가는 그 사람들은, 사회적 수준도 다르고, 기호도 맞지 않고, 성격도 틀리고, 방향도 다르고, 유머가 전혀 통하지 않는 사람일 수 있습니다. 그러나, 좋은 친구가 되어주는 것은, 그런 것들을 뛰어넘는 의미임을 이미 알 것입니다.

그대는 처음부터 만들어진 친구만 진짜 친구라고 생각합니다. 우정의 연수가 깊은 친구만 참된 친구 관계라고 생각합니다. 그리고 그 관계를 지키는 것이, 최고의 방법이라고 생각합니다. 모두 다 이 사회가 제시한 관계의 기술들입

이웃

니다. 그 관계를 지키지 못한 사람을 사회는 이렇게 부릅니다. '왕따', '실패자', '배신자', '찌질이', '못난이', '관계 장애인' 등등입니다. 그러나, 이렇게만 관계를 이해하는 것은 정말 편협한 생각입니다. 관계에 있어서 이런 원초적인 이해만 있다면, 유치원 때 만난 관계만 진짜입니다. 초등학교 때 만난 관계만 진짜 관계가 되는 것입니다. 혹은 이해관계가 되지 않은 관계는 모두 의미 없는 관계입니다.

이 책을 읽는 그대에게 묻고 싶습니다. 그대는 관계에 실패한 사람입니까? 그래서 혼자입니까? 외롭습니까? 주변에 친구가 없습니까? 그렇다면, 이제는 관계를 조금 다르게 생각해보는 것은 어떨까요. 내가 주어가 되는 관계 말고, 내가 서술어가 되는 관계 말입니다. 예수가 중심이 되어 세리와 죄인의 친구가 된 것이 아니라, 세리와 죄인이 중심이 되어, 예수가 그들의 친구가 되어준 것같이 말입니다. 그대가 좋은 친구를 구하는 것이 아니라, 그대의 주변에서 그대와 비슷한 사람에게 주저 없이 다가갑시다. 그리고 그들에게 먼저 좋은 친구가 되어줍시다. 그럴 때 모든 관계가 다시 일어나는 것을 경험할 것입니다. 다시 한번 말하지만, 성경은 이웃을 구하는 이들에게, 그대가 좋은 이웃이 되어주라고 말합니다. 그대가 그런 사람이길 바랍니다.

교회라는 가치

지금까지 '이웃'과 '이웃 사랑'에 관한 이야기를 했습니다. 그러나 저는 그 이웃을 사회적 관계로 말하지 않았습니다. 그 이유는 사회적 관계를 무시하거나 가볍게 보기 때문에 그런 것이 아닙니다. 더 나아가 글을 쓰는 제가 사회적 경험이 없기 때문에 그런 것이 아닙니다. 저는 개척교회의 담임전도사로서, 20살 때부터 지금까지 단 한 번도 사회적 업무와 사회적 관계를 떠나본 적이 없습니다. 개척교회의 현실은, 정말이지 이겨내야 할 현실들이 많습니다. 그동안 제가 한 일들과, 지금까지 하고 있는 일들에 대해서는 감히 생략합니다. 그러나 단 한 가지, 지금도 사회 속에서 무모한 모양으로 일하고 있습니다. 그 무모한 모양은, 그리스도인으로서의 의식을 잃지 않고, 애쓰고, 노력하고, 잠을 줄이고, 괴롭고, 힘겹고, 눈물을 흘린다는 것입니다. 탁월하지 못한 부분은 성실함으로나마 메우려고 하는 것입니다. 물론 너무나 당연한 지점입니다.

그러나 저는 지금까지 사회라는 곳에 있으면서, 무수한 진리의 실험을 해보았습니다. 그러나 그 진리의 실험 끝에, 성경의 진리로서 선명하게 깨달은 지점이 있습니다. 그것이 바로 '관계의 이해'입니다. 아주 쉽게 이야기하면, 그리스도인에게 사회적 관계는 '사역의 대상'이라는 점입니다. 세상은 우리가 '이웃'으로 인식하고 함께 들숨과 날숨을 토해낼 수 있는 공간이 아닙니다. 이 세상은 오히려 우리가 싸우고 다투며, 또 흐트러진 모습을 보이지 말아야 할 전쟁터입니다. 오히려 그리스도인으로서 우리가 진정 깊이 인식해야 할 공간은 '교회'입니다. 그리스도인으로서 우리가 깊이 사랑을 주고받아야 할 이웃은 '성도'입니다. 그래서 이 챕터의 서두에도 서술했듯이, 바울과 예수님의 관계의 유산도 결국 '교회'였습니다. 바울은 이 교회를 탄생시키기 위해서, 그토록 몸부림을 친 것입니다. 예수님도 이 교회를 탄생시키기 위해서, 제자들에게 공동체를 보여준 것입니다. 그렇기에 우리가 정말 소중하게 여기고 가꾸어야 할 관계는 '그리스도인'들과의 관계입니다. 언제나 어디서나 나의 마음을 이해해주고 응원해주며, 지지해줄 사람은 나의 옆에 있는 그리스도인밖에 없습니다.

어서 그 한 사람을 찾으십시오. 한 사람이라면 충분합니다. 그 한 사람이 나의 이웃이 되어준다면, 세상에서 열 명의 친구들보다 더 든든할 것입니다. 아주 반대로 그대도 마찬가지입니다. 그대는 한 명이지만, 한 명으로서 그대가 누군가에게 진실한 이웃이 되어준다면, 그대가 세상의 열 사람보다 더 의미 있는 존재가 될 것입니다. 진실로 진실로 그러할 것입니다. 예수님이 보기엔 열두 제자도, 서로에게 의미가 있는 12명 정도면 충분했던 것입니다. 그 모진 세상을 살아가기에, 그 거친 로마 제국을 상대하기에, 그 우악스러운 유대 사회를 대결하기에, 넉넉했던 것입니다. 심지어, 이 모든 역학관계 속에서, 하나님나라를 보여주기에도 충분했던 것입니다.

그러니 저는 그대가 교회라는 가치를, 다시 발견하길 추천합니다. 교회 안에서 이루어지는 성도들 간의 사랑과 우정, 그리고 서로를 향한 헌신은, 지금도 아주 강력한 힘이자 에너지입니다. 그대가 소속되어 있는 교회를 진심으로 사랑하길 바랍니다. 만약 그대가 교회에 소속되지 않았다면, 최선을 다해서 교회를 찾기를 바랍니다. 그것은 정말 의미 있는 행동이기 때문입니다. 그리고 새로운 교회부터 다시 시작하는 것입니다. 그대의 모든 관계적인 의미들에 대해서 말입니다.

전도

그러나 그대는 이쯤에서 여전히 풀리지 않는 의문의 언덕을 만날 것입니다. 그것은 이 세상 사람들을 향한 전도입니다. '이웃 사랑'이라는 영역은 결국 전도라는 목적성을 가지고 있기 때문입니다. 그래서 우리는 어떤 의미에서는 맹목적인 전도를 생각하기도 합니다. 그러나 그런 사유의 논쟁을 버리길 원합니다. 대신 그대에게 이 한 구절을 소개하고 싶습니다.

> 사랑하는 자들아
> 하나님이 이같이 우리를 사랑하셨은즉
> 우리도 서로 사랑하는 것이 마땅하도다
>
> 요한일서 4장 11절

이 서신서는 요한일서입니다. 이 작은 성경책의 신학과 특징에 대해서 다 말할 수 없지만, 가장 중요한 가지는 나누려고 합니다. 그건, 사도 요한의 인물성입니다. 사도 요한은 예수님과 가장 가까운 거리감에 서 있던 사람입니다. 그는 예수님의 말과 행동을 가장 깊게 관찰한 사람입니다. 더 나아가 예수님의 마음을 가장 깊게 관심해보고, 의심해보고, 실험해본 사람이죠. 즉, 쉽게 말해서 요한은 이 세상에서 예수님을 가장 잘 아는 사람입니다. 그런 그가, 이런 말을 합니다. "서로 사랑하자", "서로 사랑하는 것이 마땅하다" 더 나아가, "사랑 안에서 이루지 못할 것은 없다"라고 합니다. 그는 왜 이런 말을 할까요? 그가 말하는 메시지는, 확실한 의미에서 다른 열한 사도들과 다릅니다.

그러나 살아생전 예수님의 문법과는 같습니다. 깊게 생각해봅시다. 예수님의 생애와 여정, 그리고 예수님의 철학과 신학은 결국 모두 '정확한 사랑의 실험들'이기 때문입니다.

요한이 보기에 예수님은 한 가지를 위해서 이 땅에 오신 것입니다. 예수님은 이 땅에 오셔서, 하나님의 사랑이 무엇인지, 하나님이 인간을 사랑한다는 의미가 무엇인지, 더 나아가 우리가 서로 사랑한다는 의미가 무엇인지를 알려주셨습니다. 너무 다양한 사람들에게, 다양한 시간에서, 다양한 방법들로 말입니다. 그런데 참으로 모순적인 건, 그 사랑의 실험들이, 인간의 눈에 먹음직도 하고, 보암직도 하고, 지혜롭게 할 만큼 탐스럽기도 한 결과물들을 만들어내지는 못했습니다. 그분이 이 땅에서 우리에게 주신 것은 사랑밖에 없지만, 결국 그분이 이 땅에서 얻은 것은, '십자가' 뿐이었습니다. 그리고 슬픈 건, 그분의 엄청난 사랑을 받은 우리도, 그 사랑의 진실됨과 크기와 위대함을 잘 알지 못한다는 것입니다. 가장 날것의 언어로 표현해봅니다. 우리는 십자가를 이해할 수 없습니다. 사실 우리는, 그 사랑의 결과물을 이해할 수 없습니다. 진정 그렇지 않나요? 여러분은 십자가가 그분의 사랑이라는 걸 이해할 수 있습니까? 신앙이 있는 우리도, 십자가를 이해하는 건, 여전히 어렵습니다.

이웃

그렇다면, 우리는 한 가지를 결론적으로 알 수 있습니다. 그건 하나님이 우리를 사랑하신다는 증거, 하나님이 우리를 사랑하는 모양은, 우리가 원하는 모양으로 오지 않는다는 것입니다.

'god'라는 가수가 있습니다. god의 1집 타이틀곡은 '어머님께'입니다. 가사가 참 은혜롭습니다. 찬송가보다 은혜롭습니다. 아들은 라면이 너무 지겨워 맛있는 것 좀 먹자고 대들었다고 합니다. 그러니까 어머니가 비상금으로 '자장면'을 시켜주셨고 아들은 자장면을 먹고 행복했대요. 그런데 생각해봅시다. 아들은 어머니가 자장면을 사주시기 전까지, 어머니의 사랑을 느끼나요? 어머니가 날 사랑하고 있다는 것을 헤아리고 있습니까? 어머니가 추운 날 고생하시고, 일터에서 열심히 일하시는 의미를 알고 있을까요? 아니요. 아들은 모릅니다. 아들은 자장면을 안 사주면 못 느끼는 것입니다. 어머니는 평생을 아들을 위해서 살아가고 있는데, 그게 사랑이라는 존재 자체인데, 아들은 자장면을 처먹지 못하면 못 느끼는 것입니다. 너무나 바보 같고 멍청하죠? 답답하지 않나요? 그런데 사실 그게 우리의 모습입니다. 그리고 그게 이 세상 사람들이 기독교에 대해서 품는 의문입니다.

아무리 생각해도, 하나님은 저보다 똑똑하지 않습니

다. 제가 하나님이라면, 하나님을 믿는 사람들에게 매번 필요한 것들을 줄 것 같습니다. 자장면을 사줄 것 같습니다. 아니, 자장면 + 짬뽕 + 탕수육 세트를 사줄 것 같습니다. 하나님을 믿는 사람에게, 복이라는 이름으로 서울 적당한 위치에 있는 40평대 아파트를 사줄 것 같습니다. 하나님을 믿는 사람에게, 복이라는 이름으로 한 달에 돈 천만 원씩 통장에 찍어줄 것 같습니다. 제가 하나님이라면 그렇게 할 것 같습니다. 그러면 전도가 참 쉽지 않을까요? 보통 교회에서 '전도'라는 이름으로, 성도들에게 요구하는 삶의 문법이 이런 것입니다. 그리스도인이 더 잘살아야 합니다. 그리스도인이 더 복을 많이 받아야 합니다. 결국 그리스도인이 더 돈을 많이 벌어야 한다는 것이죠.

그런데 하나님은 이런 방법을 사용하지 않습니다. 이런 문법을 사용하지 않았습니다. 그런데, 그래서, 결국, 문제가 발생하죠. 하나님이 우리를 사랑한다고 하는데, 그분이 어떻게 우리를 사랑하는지를 알 수 없습니다. 그래서, 불신자들은 더욱 하나님을 알지 못합니다. 심지어 그리스도인들도 하나님의 사랑을 알지 못합니다. 무엇보다 확실한 그분의 사랑을 알지만, 그 사랑이, 보이지 않고, 잡히지 않고, 읽어낼 수 없는 현실들에 관해서 말입니다. 사도 요한은 이 모든 자간과 행간에 관해서 이렇게 말합니다.

어느 때나 하나님을 본 사람이 없으되

만일 우리가 서로 사랑하면

하나님이 우리 안에 거하시고

그의 사랑이 우리 안에 온전히 이루어지느니라

요한일서 4장 12절

사도 요한은 볼 수 없는 하나님, 만질 수 없는 하나님, 그러나 확실한 하나님의 사랑의 증거를 알 수 있는 방법을, 두 가지 차원으로 말합니다. 그건, 우리가 서로 사랑해야 한다는 것입니다. 이건, 결코 말장난이 아닙니다. 사도 요한이 수많은 진리의 실험 끝에, 그가 깨달은 지름길을 알려주는 것입니다.

한때 유행했던 기독교의 문장이 있습니다. 'knowledge of God'입니다. 번역한즉, "하나님을 아는 지식"입니다. 이 신학의 테마가 책으로도 나왔습니다. 그러나 한번 물어봅니다. 그대는 하나님을 어떻게 알 수 있을까요? 이 땅에서 학문이 통용되는 아카데믹한academic 관점에서는 분명한 메커니즘이 있습니다. 수천 년 동안 논의되어온 어떤 '이론'들이 있고, 그것을 학습자가 습득하고 적용하며, 그 대상을 파악하는 것입니다. 그것이 인문학이든, 과학이든, 예술이든 마찬가지입니다. 이론을 학습하고, 그것을 시대에 맞게 적용하고 조율해가며, 모든 분야들이 진보하는 것입니다. 스마트폰의 진보성을 생각해봅시다. 쉽게 이해가 되지 않나요?

그런데, 하나님은 어떨까요? 과연 그런 아카데믹한 관점에서 이해할 수 있을까요? 과연 이론들이 하나님의 존재를 설명해낼 수 있을까요? 아니요. 결코 그렇지 않습니다. 그것을 거부한 책이, 욥기입니다. '하나님은 이러이러한 분이야'라고 고정해버리는 순간, 하나님은 도망갑니다. 그리고 당시의 관점에서는 감히 상상도 할 수 없는, '의인의 고난'이 표현이 되는 것이죠.

하나님의 이름도 마찬가지입니다. 출애굽기 말씀을 봅시다.

> 하나님이 모세에게 이르시되 나는 스스로 있는 자이니라
> 또 이르시되 너는 이스라엘 자손에게 이같이 이르기를
> 스스로 있는 자가 나를 너희에게 보내셨다 하라
>
> 출애굽기 3장 14절

모세는 하나님의 존재를 이름으로, 이론으로 알기를 원했습니다. 사실 모든 사람이 그렇게 '하나님'의 존재를 알기 원합니다. 그러나, 하나님은 그것에 대한 답변으로,

이웃

"스스로 존재하는 신"이라고 답을 합니다. 즉, 인간의 언어로 규정하는 고정성을 거부하는 것입니다. 왜요? 신은 잡을 수 없으니까요. 그러면 하나님은 어떻게 알 수 있을까요? 사도 요한은 그것에 대한 답으로 이렇게 말합니다. 다시 한번 이렇게 말을 합니다.

> 하나님이 우리를 사랑하시는 사랑을 우리가 알고 믿었노니
> 하나님은 사랑이시라
> 사랑 안에 거하는 자는 하나님 안에 거하고
> 하나님도 그의 안에 거하시느니라
>
> 요한일서 4장 16절

사랑 안에 거하라는 것입니다. 그 이유는 오직 '사랑 안에서만' 하나님을 알 수 있기 때문입니다. 이것이 기독교 복음의 진수입니다. 그래서 사랑이 진리입니다.

그러니 그대는 잊지 마십시오. 하나님은 이론으로 알 수 있는 것이 아닙니다. 하나님은 수천 년 동안 인류가 경험으로 만들어낸 산물들로 알 수 있는 것이 아닙니다. 깊게 생각해봅시다. 누가 감히 하나님을 설명합니까? 무엇인가를 설명하려면, 그 물리적인 대상을 객관적으로 관찰하고 해부하며, 그 대상 위에 있어야 하는데, 누가 그게 가능

합니까? 누가 감히 하나님의 존재성 위에 있습니까? 하나님을 설명할 수 있는 방법은, 이 땅에 아무것도 없습니다. 그저 우리는 하나님이 자신을 보여준 만큼만 볼 수 있는 것입니다. 그게 바로 '계시'(ἀποκάλυψις)입니다. 즉, 이 세상이 하나님을 알지 못하는 이유는, 설명이 부족해서가 아니라, 하나님을 보여줄 계시가 부족한 것입니다.

예수님의 가장 가까운 거리에서, 예수님의 말과 행동, 마음과 의도, 그리고 그 모든 것을 가장 잘 알고 있었던 사도 요한은 이야기합니다. 사랑 안에 있을 때만, 하나님을 알 수 있습니다. 더 나아가서 하나님을 알릴 수 있습니다. 예수님을 가장 잘 알았던 요한의 관점에선, '사랑이 계시'입니다. '서로 사랑'만이 하나님을 알 수 있는 계시, 하나님을 보여줄 수 있는 계시입니다. 하나님을 아는 지식은, 사랑을 통과하지 않고서는 열리지 않는 계시입니다. 사도 요한은 사랑 안에 거할 때, 하나님을 알 수 있다고 확신합니다. 사랑이라는 경지에 이르지 않고서, 하나님의 존재를 알 수 있는 방법이 없는 것입니다. 서로 사랑하는 행위 속에서, 서로 사랑하는 노력 속에서, 또 사랑을 추구하는 아름다움 속에서 하나님을 알 수 있습니다. 하나님은 그 지점에서 당신을 스스로 보여주십니다. 어쩌면 요한은 예수의 사랑 속에서 하나님의 모습을 보았는지도 모르겠습니다. 그

이웃

리고 '서로'의 사랑 속에서 하나님의 모습을 보았는지 모르 겠습니다.

그러니 가장 아름다운 전도는, '서로 사랑'입니다. 바로 그리스도인으로서 서로 사랑하는 모습입니다. 그런 진지한 공동체성과 공적 의식입니다. 물론, 이것이 기독교 이기주의가 되라는 소리는 아닙니다. 이 책을 읽는 그대가, 그 의미 정도는 구분할 수 있다고 생각합니다. 사도 요한은, 그리스도인들이 사랑 안에 거하고, 서로 사랑할 때 이 세상 사람들은 스스로 존재하는 하나님의 모습을 볼 수 있음을 설파합니다.

예수님은 열두 제자가 서로 깊이 사랑하는 공동체성이 있다면, 이 세상 사람들에게 하나님을 보여줄 수 있는 계시가 열린다고 보신 것입니다. 성경을 깊게 봅시다. 예수님이 열두 제자와 함께 사랑의 관계로, 공동체성으로 있었는데, 3,000명도 따르고, 5,000명도 따릅니다. 아니, 남녀노소 온 이스라엘이 따릅니다. 사회적 약자도 병자도 죄인도 따릅니다. 왜 그럽니까? 예수님이 열두 제자와 함께 사랑의 관계로, 그 공동체성, 이스라엘에게 하나님을 보여주었기 때문입니다. 바울도 그 신비를 깨달은 것입니다. 교회가 서로 사랑할 때, 이방 사람들에게 하나님을 보여줄 수 있는 계시가 자연스레 열리는 것이죠. 그래서 사랑은 가장 위대한 계시입니다.

　사랑하는 그대여, 저는 그대가 이 교회를 더 사랑했으면 좋겠습니다. '나와 너'로 있는 서로를 더 사랑했으면 좋겠습니다. 진실로 진실로 마음을 쏟아서 뜨겁게 더 사랑했으면 좋겠습니다. 그건 아주 위대한 차원을 만들어냅니다. 그게 감히 이 세상 사람들에게 하나님을 보여주는 계시입니다. 불신자들에겐 이론과 지식으로 하나님을 설명할 수가 없습니다. 사랑으로밖에 보여줄 수 없습니다. 그러니 잊지 맙시다. 우리의 사랑이, 불신자들에겐 전도지입니다. 우리의 사랑이, 불신자들에겐 성경책입니다. 우리의 사랑이, 감히 불신자들에겐 하나님의 형상입니다. 우리 서로 더 사랑합시다.

이웃

3

—

하
나
님

예수께서 이르시되 네 마음을 다하고 목숨을 다하고 뜻을 다하여

주 너의 하나님을 사랑하라 하셨으니

이것이 크고 첫째 되는 계명이요

'신앙'이 요구하는 것

그대는 그리스도인으로서 '신앙'이 있습니다. 그리고 그 신앙은 그대에게 많은 유익을 줍니다. 또 그것의 세계는 참으로 위대합니다. 그것에 관한 내력은 굳이 문자로 쓸 필요가 없습니다. 그것을 문자로 표현하는 순간, 오히려 초라해질 수도 있습니다. 마치 세상을 이처럼 사랑하신 '하나님의 사랑'을, 그대는 그대가 경험하고 아는 '사랑' 정도로만 이해할 수 있듯이요. 그대도 동의하겠지만, 하나님의 사랑은, 감히 언어로 표현할 수 없는 것입니다. 경험으로도 짐작할 수 없는 것입니다. 요한복음을 쓴, 사도 요한의 마지막 깨달음을 봅시다.

이 일들을 증언하고

이 일들을 기록한 제자가 이 사람이라

하나님

우리는 그의 증언이 참된 줄 아노라

예수께서 행하신 일이 이 외에도 많으니

만일 낱낱이 기록된다면 이 세상이라도

이 기록된 책을 두기에 부족할 줄 아노라

요한복음 21장 24-25절

사도 요한은 이 세상에서 예수님을 가장 잘 아는 사람입니다. 그런 요한이 예수의 가장 옆에서 깨달은 것은, 예수님이 보여준 모든 기적과 사랑과 은혜와 깊이와 섬세함은, 이 세상에 있는 종이들에 기록할 수 없다는 것입니다. 우리가 즐겨 부르는 찬송시의 가사처럼, '하늘을 두루마리 삼고, 바다를 먹물 삼아도' 다 기록할 수 없습니다. 그것이 예수의 행적을 기록하기 위해서 요한복음을 저술하기 시작한 그의 결론입니다.

그대가 생각할 때는, 요한복음의 이 마지막 한 구절은, 보통의 책을 쓰고 닫는 기술인 에필로그epilogue 기법이라고 생각할 수도 있겠습니다. 그러나 그건 지극히 2023년을 살아가는 우리들의 시선이죠. 오히려 사도 요한은, 예수의 말과 행동, 논쟁과 다툼, 그리고 그분의 선택과 결정들을 적어내리다가 어떤 지점을 깨달았는지 모릅니다. 그건, "예수의 행적은, 예수의 인격은 종이로는 적어 내릴 수 없다"입니다. 더 쉽게 표현하면, 그분의 세계는 인간의 언어로 정리할 수 없다는 것이죠. 어쩌면 요한은 그것을 깨달았는지 모르겠습니다. 그런 위대한 깨달음 덕분에, 요한은 예수의 죽음 이후에도 하나님과 새롭게 관계를 맺었었습니다. 더 나아가 아무도 쓰지 못하는 언어로서, 누구도 쉽게 기록할 수 없는 '요한계시록'을 집필하는 축복을 받았는지도 모르겠습니다.

사실 신앙의 세계도 마찬가지입니다. 그것이 가지는 거대함과 위대함, 그리고 다양함과 섬세함은 다 이해할 수 없습니다. 신앙은 감히 인간이 하나님을 움직이기도 하고, 하나님이 세상을 움직이게도 합니다. 물론 반작용의 힘도 있죠. 하나님이 인간을 움직이기도 하고, 세상이 인간을 움직이게도 합니다. 그래서 신앙의 세계는 참으로 오묘합니다. 여하튼 그 위대함에 대해선 표현하지 못하겠습니다. 표현하는 순간, 그 크기와 깊이를 잃어버리기 때문입니다. 그렇기에 그대가 확실한 그리스도인이라면, '신앙'이라는 세계를 더 깊게 이해해야 합니다. 많은 하나님의 사람들은 여기에서 죽었고 여기에서 부활했습니다.

그러나 신앙이 그대에게 요구하는 것이 있습니다. 그것은 그것이 가지는 거대함과 다양한 세계와는 다르게, 매우 단순한 한 가지입니다. 바로 '관계'입니다. 그 관계는

하나님

'하나님과의 관계'입니다. 그대가 하나님과의 관계를 소유하지 못하는 이상, 그대는 어떤 행위를 해도 신앙을 소유한 것이 아닙니다. 이 지점만큼은 분명합니다. 그대가 가진 신앙을 충분히 사용하여, 이 땅에서 얻을 수 있는 가장 위대한 것은 '하나님과의 관계'입니다.

신앙을 키운다는 의미

어릴 때 들었던 동요를 읊조리듯, 그대는 '신앙생활'이라는 표현을 자주 읊조립니다. 그러나 그대가 알고 있는 신앙생활이란 어떤 것일까요? 주일이 되면 예배를 드리고, 평일에는 큐티를 하고, 또 교회의 이런저런 봉사 속에서 헌신하는 것들입니다. 물론, 이런저런 것들을 더 다양하게 말할 수 있습니다. 그러나 아무리 다양해도, 이 정도 결과와 같은 맥을 이어갈 것입니다.

여기서 '신앙을 키운다'는 의미는, 어떤 것일까요? 아마도 이런 의미가 강할 것입니다. 주일에 한 번 드렸던 예배를 2-3번 드리고, 수요예배, 금요예배까지 드리고, 새벽예배까지 드리는 것입니다. 평일에 큐티 정도의 경건생활을 했다면, 이젠 기도의 시간을 추가하는 것이고, 또 교회 사역의 봉사에 더 적극적이라는 의미입니다. 예전에 한 가지만 봉사했다면, 이제는 교육부서, 방송실, 식당, 주차 등 등을 봉사하는 것이죠. 물론 성도의 아름다운 헌신입니다. 그것을 부정할 수 없습니다. 아니요. 완전히 격려받고 인정 받아야 합니다. 이런 섬김은 쉬운 것이 아니니까요.

그러나 조금 깊은 차원에 대해서 생각을 해봅니다. 신 앙이 그대에게 요구하는 것은, '나와 하나님'과의 관계입니 다. 그리고 신앙을 키운다는 의미는, '나와 하나님'과의 관 계가 더 견고해지고 정확해지는 것입니다.

물론 그것의 지표로, 앞서 이야기한 교회생활의 헌신 과 봉사, 그리고 경건생활의 의미들이 표면적으로 나올 것 입니다. 아무리 강조해도, 그런 참여는 귀한 것입니다. 그 러나 한 가지를 정확하게 말해봅니다. 그것이 신앙생활의 '전부'는 아닙니다. 더 나아가 그것의 무게와 강도를 높이 는 것이 신앙을 키운다는 의미도 아닙니다. 오히려 정말 중 요한 '신앙생활'의 의미는 '나와 하나님'과의 관계에 대해 서 묻기도 하고, 따지기도 하고, 씨름하기도 하고, 의심하 기도 하는 과정입니다. 무엇보다 그 진리를 실험하는 과정 입니다. 그것은 기나긴 여정입니다. 그리고 그 여정 속에서 신앙은 성장하는 것입니다. 그분이 원하는 모양과 크기와 색채로 말입니다.

그분이 원하는 모양과 크기와 색채라는 말을 오해하진

하나님

마세요. 모두가 다윗일 수 없고, 아브라함일 수 없고, 모세일 수 없습니다. 모든 하나님의 사람은, 하나님이 주신 '과정의 사람'이었습니다. 그 과정 속에서 그분이 원하는 모양으로 자라는 시간을 겪었던 것입니다.[4] 그대가 하나님과 관계가 있다면, 그대는 그대 인생의 주인이 아닙니다. 아주 정확한 의미에서 하나님이 그대 인생의 주인인 것이죠. 그렇기에, 무엇을 해도 내가 원하는 삶이 나의 주머니에서 이루어지지 않는 것을 경험하게 될 것입니다. 오히려 그대의 주인이신 하나님이 원하는 삶으로, 하나님의 공간에서 이루어지는 것을 경험할 것입니다.

오히려 그대는 예수님이 제자들에게 강조하셨던 말처럼, 결국 '자기부인'을 직면해야 할 것입니다. 자기 인생에 대한 '자기부인'이 없는, '예수시인'은 모두 가짜일 뿐입니다. 그대에게 지금은 이런 말이 부담스럽다는 것을 알고 있습니다. 더 나아가 하나님이 그대의 의지와 꿈과 자유를 빼앗는 것처럼 보일 수 있습니다. 그러나 하나님의 나라는, 그런 그대의 고난과 아픔과 괴로움과 피곤함 속에서, 그림자처럼 탄생합니다. 하나님의 놀라운 기적도, 그대의 괴로

---

4 저는 이 신앙의 과정에 대해서 구체적인 내용의 책을 썼습니다. 제목은 《무명》, 규장 (2021)입니다. 저는 이 책에서 신앙의 여정을 '꿈-훈련-무명-사명-유명'으로 이야기하고 있습니다.

운 상황 속에서 잉태됩니다. 이것 또한 신앙의 신비입니다.

그러니 신앙을 키운다는 참된 의미는, '나와 하나님'과의 관계에 있어서, 점점 나의 주도권이 이양되는 과정인 것입니다. 즉, 그대는 이 과정을 이해해야 합니다. 그것이 신앙에 있어서 가장 중요한 매듭이라고 하겠습니다. 아니 '나와 하나님'과의 관계에 있어서 가장 중요한 매듭입니다.

하나님의 방식

그대는 성경을 왜 읽나요? 알고 있습니다. 이 질문 자체가 무례한 질문일 수도 있다는 것을요. 질문을 조금 바꾸어보겠습니다. 그대가 생각하기에 성경에 있는 이야기들과, '피노키오', '신데렐라', '선녀와 나무꾼' 같은 이야기의 차이점이 무엇일까요? 사실 성경의 대부분의 내용도 내러티브narrative의 조각들입니다. 아담과 하와의 이야기, 바벨탑 이야기, 아브라함 이야기, 모세 이야기, 삼손 이야기 등등 성경은 대부분 내러티브로 구성되어 있습니다. 그런데 이 세상의 이야기들과 성경의 이야기들의 분명한 차이도 있습니다. 그것은 무엇일까요? 많은 부분에서 차이가 있겠지만, 가장 중요한 차이는 그 속에 '하나님의 자리'가 있다는 것입니다. 성경의 모든 내러티브는, 그 수많은 이야기들의 전개 속에 하나님을 아는 지식들이 숨겨져 있다는 것입니다. 그 지식은 계시가 될 수도 있고, 예언이 될 수도 있고, 혹은 축복과 경고와 교훈이 될 수도 있습니다. 그래서 우리는 이 모든 것을 '진리'라고 부릅니다. 그 진리는 오늘도 살아있는, 하나님의 모습을 보여줍니다.

그대가 성경을 읽는 이유도 여기에 있어야 합니다. 단순히 성경에 적혀 있는 글자와 문자를 읽는 것이 아니어야 합니다. 또 흥미진진한 이야기들을 읽는 것이 아니어야 합니다. 그 속에 깊이 배어 있는 '하나님의 이야기'를 읽어야 합니다. 그것이 성경을 '읽는다'는 의미입니다. 그럴 때 단순한 한두 구절의 성경에서, 우주를 창조하신 하나님을 볼 수 있는 것입니다. 가장 바닥 같은 현실에서도, 하나님나라를 읽어낼 수 있는 것입니다.

하나의 전제를 둡시다. 그대가 이런 방법으로 성경을 탐독한다고 칩시다. 분명 완전히 다른 차원으로 성경을 보게 될 것입니다. 그러나 그렇다고 해도 그것이 전부가 아닙니다. 그런 방법으로 성경을 아무리 읽어도, 그것으로는 하나님을 알 수 없습니다. 제가 말을 어렵게 하는 것 같나요? 아니면 이상한 논리로 말을 하는 것 같나요? 결코 아닙니다. 그대가 그렇게 성경을 읽어도, 그대가 하나님이 누구인지 알 수 없는 이유는, 결국 그대가 읽은 성경은 책상에서 이루어지는 과정들이기 때문입니다. 거기엔 한계가 있습니다. 그 말은, 그것이 '나와 하나님'과의 관계에 전부가 되어선 안 된다는 것입니다.

조국 교회에서 '경건생활'이라는 이름으로, 성도들에게 훈련시키는 것들이 있습니다. 이름은 다양해도, 방법은 화려해도, 대부분 '마음의 훈련'들입니다. 그리고 그것을 가능하게 하기 위해서, '성경', '기도', '독서', 예배', '봉사와 전도'의 차원에 다양한 방법의 훈련을 제시합니다. 이름은 달라도, 방법은 차이가 있어도, 결국 이 다섯 가지 훈련에 대한 내용은 변함이 없습니다. 물론 자주 강조하지만, 이 모든 것들은 분명 귀한 것입니다. 그러나 모두 '책상과 의자에 앉아서' 하는 행위들입니다.

그러나 성경을 깊게 보면, 하나님은 인간을 훈련시킬 때 '책상과 의자에 앉아서' 훈련시키지 않습니다. 오히려 자신에게 익숙한 자리를 버리고 밖으로 나오길 바랍니다. 구약의 수많은 사람들을 훈련시켰던 방법을 생각해봅시다. 아브라함도, 야곱도, 요셉도, 모세도, 다윗도, 모두 익숙했던 것들과 결별하는 훈련을 했습니다. 가장 안정적인 관계와 직위와 자리와 소중한 것들이 무너지면서, 어떤 새로운 것들이 시작되었습니다. 신약의 열두 제자를 부르셨던 예수님의 부르심을 생각해봅시다. 그리고 제자들의 반응을

하나님

생각해봅시다.

> 이에 베드로가 대답하여 이르되
> 보소서 우리가 모든 것을 버리고 주를 따랐사온대
> 그런즉 우리가 무엇을 얻으리이까
>
> 마태복음 19장 27절

이것은 베드로의 말입니다. 베드로 자신뿐만 아니라 열두 제자의 공통점은, 모두가 예수를 따를 때는 모든 것을 버렸다는 것입니다. 예수의 부르심에 제자들은 모두 자신의 것들을 버렸습니다. 배를 버렸습니다. 그물을 버렸습니다. 세리 일을 하던 책상을 버렸습니다. 친구와 가족을 버렸습니다. 자신의 가장 소중한 것들과 익숙한 것들을 버렸습니다.

그런데 그 지점에서 하나님과의 관계를 시작합니다. 물론 우리 인간의 눈에는, 그 하나님의 방식들이 충분히 이해가 되지는 않습니다. 그러나 그것이 성경에서 보여주는, 하나님이 특별히 사랑하는 사람들과 관계를 맺는 방식입니다. 더 정확하게 말하면, 하나님은 자신이 원하는 조건에서, 자신이 원하는 것들을 시작하십니다. 그 첫 번째는, 인간이 밖으로 나오길 바란다는 점입니다. 가장 중요한 것들

관계

이 거기서부터 시작됩니다.

하나님은 인간의 위치가, 책상이나, 성전이나, 혹은 왕국에 있기를 바라지 않습니다. 오히려 하나님과 전혀 상관이 없는(?) 광야, 바다, 거리, 전쟁터에서 시작합니다. 인생을 그 지점까지 몰아가십니다. 그리고 인간은 '한계'라고 고백하는 지점에서, 당신은 본격적인 것들을 시작합니다.

나의 한계에서

잠시 저의 이야기를 해보려고 합니다. 그대도 책을 읽으면서 알겠지만, 저는 저의 이야기는 거의 하지 않습니다. 그러나 '인간의 한계'라는 지점에서 필요한 이야기이기에, '저의 한계에' 대해서 잠시 나누려고 합니다.

제가 처음 신학교에 들어왔을 때 일입니다. 저는 고등학교 때까지 운동을 했던 사람인지라, 신학교의 모든 풍경은 낯설고 어색하고 혼란스러웠습니다. 그런데 시간이 지날수록, 저는 이 많은 풍경에 적응이 되는 것이 아니라, 더욱 소외되는 것을 느꼈습니다. 그 이유는 신학교 안에 너무 멋진 사람들이 많았기 때문입니다. 너무 확실한 사람들이 많았기 때문입니다. 20살 어린 마음에, 멋지고 확실하게 보였던 것들은, 주변 사람들이 말하는 '목표'였습니다.

신학교 안에서 여러 사람들과 대화할수록 '비전'이라는 이름 아래 너무나 많은 확신을 가지고 있었습니다. '나는 유학을 갈 거야', '나는 교수가 될 거야', '나는 대한민국을 대표하는 찬양 인도자가 될 거야', '나는 대한민국에서 가장 멋진, 설교 목회를 할 거야' 등등입니다. 그들의 확실한 비전 같은 목표 앞에, 목표 같은 비전 앞에, 저는 언제나 주눅들었습니다. 그뿐만 아니라 멋진 사람들은 더 많이 있었습니다. 이미 신학을 잘 알고(?) 있는 친구들이었습니다. 모두 1학년일 텐데, 어떤 친구들은 마치 신학교를 여러 번 다닌 것같이 많이 알고 있었습니다. '칼빈이 말이야_', '웨슬리가 말이야_', '본훼퍼가 말이야_', '선행은총과 이중예정의 문제는_', '과정신학에서는_' 등등의 신학적 사조들을 너무나 많이 알고 있었습니다. 그런데 그런 친구들의 공통점을 발견했습니다. 그들은 대부분, 목회자의 자녀들이었습니다. 당시에, 아주 잠시였지만 진심으로 그들이 부럽기도 했습니다. 저의 환경은 전혀 그렇지 못했으니까요.

당시 저의 아버지는 불신자였고, 어머니는 성도 수 13명의 작은 교회의 권사였습니다. 형은 교회를 다녔지만 불신자와 방불한 삶을 살았습니다. 그런 기독교 가정 배경인 저에게는, 당시 저만 빼고 모두가 위대하고 대단해 보였습니다. 그때 저는 도서관에서 책 한 권을 읽어도 참 힘들었습니다. 책을 읽는다는 의미는, 책에 들어 있는 의미를 읽는 것일 텐데, 저는 책의 글씨만 읽기에도 힘이 들었습니다. 운동만 했던 사람인지라 책을 읽고 해석한다는 것이 저에게는 정말 어려운 일이었습니다. 그러나 신학은 책의 학문입니다. 그렇기에 매번 괴롭고 어렵고 도망가고 싶었습니다. 심지어 첫 학기 학과 시험을 보았는데, 4.5 만점에 제 평점은 1.9점이었습니다. 아주 놀라운 학점입니다. 단 한 차례의 결석도 없는데, 이 정도로 낮은 평점을 맞기도 힘듭니다.

당시에 신학교는 확실히 저와는 맞지 않는 것 같았고, 사역은 더 확실하게 저에게 어울리지 않는 옷같이 느껴졌습니다. 대부분의 학생들이 학식(교내식당)이나 식당에서 밥을 사먹을 때, 저는 집안 형편이 어려워 집에서 도시락을 싸와서 먹었습니다. 대부분의 친구들이 수업이 끝나고 삼삼오오 놀러 다닐 때, 저는 수업이 끝나면 언제나 아르바이트를 하러 갔습니다. 지친 몸으로 집에 들어가면 쉴 수 있는 것이 아니라, 심장질환으로 여러 번 수술하신 아버지를 돌보아야 했습니다. 당연히 공부할 수 있는 작은 방 한 칸이 없었고, 대학교 과제를 할 수 있는 컴퓨터도 없었습니다. 저에게 있었던 것은, 부모님이 초등학교 1학년 때 사주신 책상과 의자뿐이었습니다. 작고 낡은 책상과 의자입니다.

하나님

너무도 힘들었고, 매일이 힘에 겨웠습니다. 그래서 결정한 것이 휴학입니다. 1학년을 마치고 바로 휴학을 했습니다. 처음에는 돈을 벌기 위해 1년만 휴학하는 것이었는데, 결국 5년을 휴학했습니다. 조잡하지만 나열해봅니다. 호프집 설거지, 식당 서빙, 배달, 주유소, 당구장 관리, 콘서트장에서 야광봉, 야광 팔지 팔기, 백화점 운송 용역, 한강 돗자리 장사, 레저용품 관리, 행사 대행, 경호원, 정수기 배달, 빔프로젝트 설치 기사, 크리스마스트리 설치 기사, 빌딩 청소 용역, 그리고 가장 힘들었던 새벽 막노동 등등이었습니다.

쉽게 생각하면 다양한 일을 해본 것 같아 보이겠지만, 한번에 3가지씩, 5가지씩 일을 했습니다. 오전에 일하고 오후에 쉬는 삶이 아닙니다. 평일에 일하고 주말에 쉬는 삶이 아닙니다. 평일부터 주말까지, 오전, 오후, 저녁, 이른 새벽까지 일만 했습니다. 아득하였고 까마득하였습니다. 돈을 아끼려고, 함께 일하는 아저씨가 자장면을 먹다 남기면, 그 남은 자장면 건더기에 밥을 비벼먹을 때도 있었습니다. 시간을 아끼려고, 집으로 걸어가는 길에, 걸으면서 식사를 해결한 적도 있었습니다. 잠을 아끼려고, 다음날 출근할 복장으로 잠을 잔 적도 있습니다.

그러나 그렇게 5년을 애썼지만, 결국 4번째 수술 후에,

아버지는 돌아가셨습니다. 하나님이 원망스러웠습니다. 아버지와 저의 인생을 생각할 때, 모든 것이 이해되지 않기 때문입니다. 그러나 곧 깨달았습니다. 원망스러워할 힘도, 여유라는 것을요.

사랑하고, 사랑한다는 말이 초라할 만큼 추앙하는 아버지가 돌아가시고, 평온해진 것이 아닙니다. 더 힘들었습니다. 드디어 보이지 않던 것이 보였기 때문입니다. 그것은 저의 주변입니다. 저의 풍경입니다. 저의 배경입니다. 그리고 그때가 되어서 비로소 저의 5년의 휴학을 돌아보았습니다. 20대의 그 아름다운 시절, 그 흔한 연애도 못하고, 더 흔한 여행도 가지 못했습니다. 신학과 동기들은 모두 졸업을 하였고, 동네친구들은 사회생활에서 나름의 자리를 잡았습니다.

그 시간을 정리해보니, 아무리 봐도 신학과는 전혀 상관이 없는 인생을 살았습니다. 다시 신학교에 복학한다는 것도 장담할 수 없었습니다. 저는 여전히 책 한 권 읽는 것조차 어려운 사람이었으니까요. 저는 정말 무엇을 어떻게 해야 할지 몰랐습니다. 저는 여전히 극복할 수 없는 한계에 있었습니다. 내일을 향한 호흡은, 곧 질식할 것 같은, 과호흡뿐이었습니다. 당시 저의 나이 27살입니다.

이 글을 읽고 있는 독자 여러분, 어떤가요? 제가 루저

loser 같아 보이나요?

나의 한계를 넘어서

분명 저는 20대 초반에, 저의 한계에 대해 깊이 깨달았습니다. 무엇을 해도, 어디를 가도, 저는 한계를 벗어날 수 없었습니다. 분명 맞습니다. 그러나 이 지점에서, 그대에게 게걸음 같은 질문 하나 던져봅니다.

저의 그 아득한 시간에 하나님은 무엇을 하고 있었을까요?
저의 그 아슬아슬한 젊음에
하나님은 어떤 표정을 가지고 있었을까요?

20대. 직립보행만이 걸음의 정석 같은 시절에, 저는 게걸음을 경험했습니다. 앞을 보지만, 옆을 걷게 되는 걸음입니다. 그러나 그 한계에서 저도 배운 것이 있었습니다. 아니, 남아 있는 것이 있었습니다. 그것은 역설적이게도, '저의 한계까지 살아본 최선'입니다. 쉽게 생각하기엔, 20대 초반에 다양한 일을 해본 것 같이 보이겠습니다. 그러나 한 번에 3가지씩, 5가지씩 일을 했습니다. 방금도 말했지만, 오전에 일하고 오후에 쉬거나 평일에 일하고 주말에 쉬는 삶이 아닙니다. 오전, 오후, 저녁, 이른 새벽까지 일만 했습니다. 7일 내내 일을 했습니다. 매우 다양한 시간에, 매일 다양한 사람들과, 매번 다양한 일들을 말입니다. 그러나 삶의 한계엔 분명 새로운 언덕도 있었습니다. 그건, 매우 많이 성장해 있는 저 자신입니다.

이런 경험은 저에게 매우 희귀하고 중요한 것이었습니다. 그 지점에서 분명 저의 인생에 새로운 것들이 성장하고 남은 것들이 있었습니다. 그건 일에 대한 두려움이 없다는 것입니다. 무엇인가 새로운 것들을 향한 망설임이 없다는 것입니다. 분명 신학을 공부하진 않았지만, 신학에 관련된 일을 하지는 않았지만, 신학공부마저도 별것이 아니라는 자신감이 생겼습니다. 그때 저의 나이 27살입니다.

역전

그 후로, 신학교 2학년에 복학을 하였습니다. 친구도 동기도 아는 사람도 모두 없습니다. 덩그러니 남겨진 운동장에서, 혼자 축구를 하고 있는 아이 같은 모습입니다. 그러나 저는 더 이상 아무것도 신경쓰이지 않았습니다. 그리고 딱 3년 동안은 공부만 하기로 했습니다. 다른 사람들에게 하루 24시간이 어떻게 이해될지 모르겠습니다. 그러나 저에게 한 가지만 할 수 있는 24시간은 너무나 많은 시간이었습니다. 공부만 하기에 아주 충분한 시간이라고 느꼈습니다.

그 후로 졸업할 때까지 성경을 90독 했습니다. 독서는 학부 981권, 대학원 460권, 총 1,441권을 읽었습니다. 무리했기에 공황장애를 얻었고, 4년 동안 정신과에 다녔습니다. 저는 안경을 써보지 않을 정도로 시력이 좋았습니다. 그러나 2.0인 시력은 0.1이 되었고, 운동선수를 준비할 만큼 건강했던 육체는 극히 쇠하게 되었습니다. 자주 토하고 더 자주 코피가 났습니다. 그런데 이런 한계는 정말, 아무것도 아니었습니다. 한계를 넘어서는 자신감이 더 충만했습니다. 공부만 할 수 있다는 것이 얼마나 큰 기회이자 축복인지 알았기 때문입니다. 그로 인해서 학부 2학년부터 학부를 졸업할 때까지 모든 학기에 1등을 했습니다. 대학원에서도 마찬가지입니다. 계속 1등을 했습니다. 수많은 대회에서 상을 받았습니다. 심지어 지금은 책도 쓰고 있습니다. 벌써 여러 권입니다. 감히 저 같은 사람이 말입니다. 이건 진정 말도 안 되는 지점입니다. 감히 저는 저의 한계들을 역전했다고 말할 수 있습니다.

그러나 그 모든 시간들을 돌이켜보며, 이것이 가능한 지점들을 생각해봅니다. 그것은 참으로 신비한 지점입니다. 만약 제가 저의 한계를 극복하기 위해서, 목표를 세우고, 계획을 하고, 철저하게 반복하고 연습하고 준비했다면, 극복할 수 있었을까요? 마인드 세팅을 다시 해서, 긍정의 힘과 불굴의 의지와 더 촘촘한 계산들을 감행한다고 합시다. 과연 저의 한계를 극복할 수 있을까요? 물론 당장의 과제들은 극복할 수 있었겠습니다. 그러나 그다음 한계들을 만나면 결코 극복할 수 없었을 것입니다.

더 나아가 시간의 문제를 생각해봅시다. 당시 그 자리에 머물렀다면 나에게도, 나의 과제에게도, 그것을 기다려줄 시간과 기회가 없습니다. 그대도 마찬가지입니다. 이 세상은 그대에게, 그대가 해결해야 할 과제에 그리 많은 시간과 기회를 주지 않습니다.

당시 저는 5년이라는 시간을 잡을 수 없었습니다. 그 시간의 내용은 여전히 해석할 수 없는 비문입니다. 그 시간의 방향은 앞으로도 뒤로도 갈 수 없는 난해한 대국입니다. 그러나 제가 깨달은 지점이 있습니다. 그것은 하나님의 살아있음입니다. 그 살아있음이 보여준 내력은, 저는 늦지 않았다는 것입니다. 당시엔 정말 늦어 보였지만, 오히려 더 빠른 길을 가고 있었습니다. 그분은 시간에 자신이 있는 하나님입니다. 다른 한 가지는 그분의 선하심입니다. 의심하지 않은 그분의 선하심에 대한 신뢰가 생겼습니다. 그분이

하나님

이끄시는 방법은, 표면적으로는 고난이고 아픔이고 괴로움으로 해석될 수 있습니다. 나는 그것밖에 이해하지 못하는 피조물이니까요. 그러나 그 끝까지 가볼 때, 엄청난 축복들이 있었습니다. 감히 내가 노력해서 얻을 수도 없고, 이룰 수도 없고, 만질 수도 없는 것들입니다. 선하신 하나님은, 실수하지 않는 하나님입니다.

이제 앞선 두 가지 질문에 답을 해야 할 시간입니다.

그날 하나님은 저의 시간에 살아계셨습니다.

그분의 살아계심은

당신의 시간으로 나를 초대하는 것이었습니다.

그날 하나님의 표정은,

완전한 전능자의 자신감으로 충만하셨습니다.

그분의 자신감은

모든 것이 합력하여 선을 이루는 위대함이었습니다.

이것이 저의 대답입니다.

하나님의 공간

하나님의 공간God's space은, 광야입니다. 하나님은 당신과 관계있는 사람들을 당신의 공간인 광야로 부르십니다. 하나님은 이 공간으로, 당신의 사람들을 부르지 않으신 적이 없습니다. 심지어 그의 아들인 예수마저도 이 공간에서 시작하게 하셨습니다. 그 공간에서 책상에서 이해할 수 없는 하나님의 선하심과 살아계심을 경험하게 합니다. 그 공간에서 인간은 자기부인과 하나님시인의 명확한 차이를 깨닫게 됩니다. 그리고 그 광야에서, 자신의 인생을 다르게 이해하기 시작합니다. 그것은 하나님의 뜻이 삶의 기준이 되는 것입니다. 너무나 당연한 사실이지만, 이 사실이 삶의 고정적인 진리가 되기까지의 전환은 쉽지 않습니다. 모든 하나님의 사람들이 그러했습니다. 그리고 그 광야에서 그대는, 하나님의 뜻은 이미 정해진 직선의 사각형이 아니라, 곡선의 미를 가진 인격적인 것임을 깨달을 것입니다.

그렇기에 그때부터 그대에게 주시는 하나님의 대답 God's answer은, 아주 놀라운 계시입니다. 애굽의 바로를 가장 작은 자로 보게 하고, 홍해를 아주 쉽게 가르기도 하고, 거인 골리앗도 평범한 개로 보이게 하는 것입니다. 하나님의 대답 God's answer은 '나와 하나님'과의 관계에 있어서, 가장 중요한 점입니다. 하나님의 대답이 중요한 이유는 그것이 하나님의 방식이기 때문입니다.

하나님

구약에서 가장 많이 쓰이는 표현이 무엇일까요? 신약보다 구약이 훨씬 분량이 많은데, 그 방대한 구약 중에서 가장 많이 쓰는 표현은 어떤 것일까요? 그것은 "하나님이 말하다(말씀하다)"입니다. 히브리어로 "야훼 다바르(יהוה דבר)"라고 합니다. 한글성경은 '다바르'를 "말하다" 정도로 번역하지만, 히브리어 '다바르'(דָּבַר)는 좀 더 많은 의미를 내포하고 있습니다. 그것은 "선언하다, 대화하다, 명령하다, 약속하다, 경고하다, 위협하다, 노래하다" 등등 여러 가지로 번역할 수 있습니다. 그렇기에 히브리어 〈다바르〉는 단순히 "말하다"의 표면적 의미를 넘어서, 그것을 사용하시는 하나님이 어떤 분인지를 표현하는 최대한의 수단이 됩니다. 하나님은 언제나 어떤 사역, 어떤 관계, 어떤 기적, 어떤 계약을 맺을 때, 자신과 그 대상 사이에 반드시 〈다바르〉를 두고 역사하십니다. 그렇기에 하나님이 사용하시는 언어로서의 〈다바르〉는 하나님이 어떻게 존재하는지를 명확하게 보여주는 것이죠.

"말씀으로 천지를 창조하셨다"라는 의미도 깊게 생각해볼 수 있습니다. 전능한 신이기에 말하는 대로 천지가 창조되었다고 생각할 수도 있지만, 하나님은 당신의 모든 존재성을 '다바르', 말씀 안에서, '다바르', 말씀을 사용함으로써만 창조하셨다고 생각할 수 있습니다. 그렇기에 하나님은 당신이 사용하시는 말씀인 〈다바르〉가 모든 것들의 기준이자 모든 기적들의 처음인 것입니다. 그것이 하나님이 '말씀하시되', 하나님이 '이르시되'로 표현되어 있는 작은 구절들이죠. 그러나 그대는 이 진리를 진심으로 진심으로 시인하고 인정하고 믿고 있나요?

광신자

그러니 이쯤에서 진지하게 그대에게 묻고 싶습니다. 이쯤에서 그대가 한번 멈추어서 자신을 읽어보길 권면합니다.

'그대의 나이는 몇 살입니까?'
'그대는 무엇을 준비합니까?'
'그대의 직장은 무엇인가요?'
'그대는 어떤 사람들과 어떤 관계로 지내고 있나요?'
'그대가 앞으로 하고 싶은 것은 무엇입니까?'

그대의 시절에 준비하는 그 모든 것들에 관해서, '나와 하나님'의 관계를 생략하고 생각해봅시다. 그대가 매일 아침 반복해서 준비하고, 매번 치열하게 훈련하고 있는 것들

하나님

이, 결국 그대 자신을 위한 것들 아닌가요? 그대가 그 모든 것들을 참고 견디는 것들이, 결국 타인보다 위대해지기 위한 것들 아닌가요? 그러면서 마음 한 칸에, 그대의 시절에 잘 안 되는 이유에 대해 핑계를 대고 있는 것 아닐까요? 다 그 사람 탓이라고요. 그 환경 탓이라고요. 구석진 자리에서 애써 나를 다독이며, 누군가 미워할 대상을 만들고 있는 것은 아닌가요? 결국 운(?)이 없어서 이렇게 된 것이라고 자위하는 것 아닙니까? 시리고도 비겁한 대답을 준비하는 것 아닌가요? 결국 이런 것들입니다.

'난 아직 때를 못 만나서 그래'
'난 누가 뒤에서 밀어줄 사람이 없어서 그래'
'난 좋은 부모를 못 만나서 그래'
'난 그 시기를 놓쳐서 그래'
'내 환경이 이래서 그래'

그대가 하나님을 믿으면서도, 그대의 환경에 대해서 이런 고백을 한다면 그대는 여전히 '나와 하나님'과의 관계를 안 믿는 사람인 것입니다. 더구나 그대가 하나님을 믿고 있는데도 불구하고, 그대의 시절에 대해서 이런 대답들을 한다면, 이것만큼 광신자狂信者 같은 대답이 없는 것입니다.

왜 광신자일까요? 그건 하나님을 안 믿으면서, 하나님을 믿고 있는 대답을 하기 때문입니다. 아니면, 하나님을 믿고 있으면서 하나님을 안 믿는 대답을 하기 때문에 그렇습니다. 이 대답들은 아주 못생기고 못나고 못되고 멋이라고는 하나도 없는 고백입니다. 그대가 그대의 시절에 대해서 진단하는 논리, 합리, 과학적 함수들이 결국 이 정도라면, 그대는 진실로 진실로 형편없는 사람입니다. (그대가 스스로에 대해서 이런 고백을 할 때마다, 정말 못생기고 못나고 못되고 멋이라고는 하나도 없다는 것을, 꼭 기억했으면 좋겠습니다)

물론, 인간의 일생은 어느 정도 이런 궤도 안에 있는 법입니다. 그리고 이런 궤도를 물리적인 힘으로 벗어나고자, 훈련도 하고 노력도 하죠. 더 나아가 만약, 그대가 이런 중력에서 벗어날 답을 알고 있다고 스스로 생각할 수도 있습니다. 그러나 그 답을 추구하며 탁월함을 추구해도 여전히 그 자리일 것입니다.

'나와 하나님'과의 관계에서, 그대가 하나님을 믿는다는 것은, 하나님의 공간God's space과 하나님의 대답God's answer에 대해서 눈을 뜬다는 의미입니다. 그렇기에 모든 자신의 시절을 사랑하는 것입니다. 그것이 '나와 하나님'과의 관계에서 하나님을 사랑한다는 의미입니다. (이 부분은 뒤에서 더 깊이 다루겠습니다)

하나님

하나님의 사람들은, 이 부분에 관한 무한 신뢰가 있었기에, 그분이 사용하시는 말씀을(יהוה דבר) 따라가기에 주저하지 않았습니다. 하나님의 사람들은 그분이 사용하시는 말씀에, 자신의 존재적 체중을 온전히 실었습니다. 비록 그 말씀이 더 깊은 광야, 더 높은 모리아산, 더 거친 가나안의 여정을 제시해도 주저하지 않았습니다. 그 이유는 '하나님의 대답'God's answer 그 자체가 지니는 엄청난 에너지를 깊이 신뢰했기 때문입니다. 그 에너지는 인간이 갖는 궤도 자체를 흔들어버릴 수 있을 만한 것들이었습니다. 그러니 눈앞에 보이는 상황, 시간, 여건, 조건, 심지어 먹을 것과 마실 것의 문제 앞에서도 주눅들지 않았던 것입니다.

이사야는 이것을 이렇게 표현했습니다.

광야와 메마른 땅이 기뻐하며
사막이 백합화같이 피어 즐거워하며
무성하게 피어 기쁜 노래로 즐거워하며
레바논의 영광과 갈멜과 사론의 아름다움을 얻을 것이라
그것들이 여호와의 영광 곧 우리 하나님의 아름다움을 보리로다
너희는 약한 손을 강하게 하며 떨리는 무릎을 굳게 하며
겁내는 자들에게 이르기를 굳세어라, 두려워하지 말라,
보라 너희 하나님이 오사 보복하시며 갚아주실 것이라

하나님이 오사 너희를 구하시리라 하라

그 때에 맹인의 눈이 밝을 것이며

못 듣는 사람의 귀가 열릴 것이며

그 때에 저는 자는 사슴같이 뛸 것이며

말 못하는 자의 혀는 노래하리니

이는 광야에서 물이 솟겠고 사막에서 시내가 흐를 것임이라

뜨거운 사막이 변하여 못이 될 것이며

메마른 땅이 변하여 원천이 될 것이며

승냥이의 눕던 곳에 풀과 갈대와 부들이 날 것이며

이사야 35장 1-7절

이사야는 지금 혼자 공상의 나라에서 허우적대는 것이 아닙니다. 이사야는 정신병이 걸린 어떤 사람처럼 실언을 하며 혼자 상상의 세계에 갇혀 있는 것이 아닙니다. 그는 지금 하나님의 대답의 세계에 깊이 빠져 있는 것입니다. 그분의 대답은, 이사야의 눈앞에 보이는 '광야', '사막', '메마른 땅'이라는 현실적인 표면에, 완전히 성질이 다른 '물이 솟고', '시내가 흐르고', '연못이 되고' 모든 것을 살아있게 하는 '생명의 근원이 될 것'이라는 것입니다. 그래서 이 장소가 저기 멀리 있는 하나님나라가 아니라, 지금 여기 있는 하나님나라임을 보여주는 것입니다.

하나님

그대가 여기서 주목해야 할 것은, 하나님의 대답이 이 사야의 눈앞에 보이는 '광야', '사막', '메마른 땅'이 어떻게 변화되는지 그 과정을 설명해주지 않았다는 것입니다. 하나님은 당신 편에서 보이는 만큼 당신의 대답을 하신 것입니다. 하나님의 대답이 탁월하다는 의미가 여기에 있습니다.

동일하게 그대가 그대의 시절에 눈을 떠야 하는 탁월함도 여기에 있습니다. 그대를 향한 하나님의 대답이 어떤 에너지와 힘이 있는지를 깨달아야 하는 것입니다. 그대는 하나님 앞에 구체적인 과정과 정확한 논리를 원하지만, 하나님은 그대가 주머니에 넣을 수 있는 대답을 주지 않습니다. 그 이유는 하나님이 그대의 과정을 무시하는 것이 아니라, 그대가 하나님의 과정을 이해할 수 없기 때문입니다. 그래서 이 두 세계 가운데 연결고리가 필요한데, 그것이 '믿음'입니다. 그러나 그대의 욕망을 투영한 세계를 건설하는 믿음이 아니라, 하나님의 대답이 가장 선하고, 좋고, 그대로 될 것이라는 "아멘"으로서의 믿음입니다. 그것을 믿음으로 사는 것, 그것이 의인의 믿음이지요. 그대는 잊지 마십시오. 그대가 믿은 곳까지, 그대가 자라나는 것입니다.

'깊은 곳'까지 가야 알 수 있는 세계

베드로를 생각해봅시다. '나와 하나님'과의 관계에서, 베드로는 어떻게 탁월함을 소유할 수 있었을까요? 자연스럽게 예수 그리스도의 처음 제자라서 그렇게 된 것일까요? 아닙니다. 결코 그렇지 않습니다. 결론적으로 말하면, 그날 베드로가 호수 '깊은 곳'까지 가봤기에 가능했던 것입니다. 그곳에 가서, 열리는 새로운 세계를 경험한 것입니다.

성경을 보면, 베드로가 예수님을 만나고 경험한 첫 기적은 그물이 찢어질 정도로 물고기를 잡은 것입니다. 이 사건은 하나님의 공간God's space과 하나님의 대답God's answer이 어떻게 탁월함을 만들어내는지 보여줍니다. 누가복음 5장은 당시의 상황을 구체적으로 말해주고 있습니다.

예수께서 한 배에 오르시니 그 배는 시몬의 배라
육지에서 조금 떼기를 청하시고 앉으사
배에서 무리를 가르치시더니
말씀을 마치시고 시몬에게 이르시되
깊은 데로 가서 그물을 내려 고기를 잡으라
시몬이 대답하여 이르되
선생님 우리들이 밤이 새도록 수고하였으되
잡은 것이 없지마는

말씀에 의지하여 내가 그물을 내리리이다 하고

그렇게 하니 고기를 잡은 것이 심히 많아 그물이 찢어지는지라

누가복음 5장 3-6절

　이 누가복음 5장을 보면, 예수가 어떤 의도성을 가지고 있음을 알게 됩니다. 그것은 시몬의 배를 선택한 것입니다. 그의 배에서 무리들에게 어떤 설교를 하셨습니다. 베드로는 그 배의 주인으로서 예수의 설교를 가장 가까이서 들었겠죠. 마치 그대가 주일에 강단 가까운 자리에서 설교를 듣듯이 말입니다. 마치 온라인 예배에 일대일 청중이 되어 듣는 것같이 말입니다. 설교 후에 예수님은 베드로에게 이렇게 말씀하십니다.

말씀을 마치시고 시몬에게 이르시되

깊은 데로 가서 그물을 내려 고기를 잡으라

누가복음 5장 4절

　베드로가 이 설교를 듣고 있는 장소의 배경은 게네사렛 호수(갈릴리 호수)입니다. 그곳의 실제 크기는 넓이가 13킬로미터, 길이가 23킬로미터입니다. 예수님은 그 장소에서 '깊은 데로 가서' 그물을 던지라고 말합니다. 그곳은 어

디일까요? '깊은 곳'을 헬라어로 '바도스'(βάθος)라고 합니다. 물론 '바도스'를 문자 그대로 "깊은 곳"으로 해석할 수 있지만, "가운데"라는 뜻도 있습니다. 그리고 당시의 상황을 연구해본다면, '가운데'라는 뜻이 더 정확할 것입니다. 그렇다면, 예수님이 베드로에게 말씀하신 것은 게네사렛 호수(갈릴리 호수)의 '가운데로' 가서 그물을 던지라는 것입니다.

그대가 생각할 때는, '뭐 그냥 가면 되는 것 아닌가?'라고 편하게 생각할 수 있습니다. 그러나 당시 이스라엘의 배는 그렇게 발달되지 못했습니다. 바람으로 움직이는 배가 보편적인 배의 형태입니다. 호수 가운데 지점까지 갔다가 바람이라도 잘못 만나면, 곤란한 상황이 될 수도 있습니다. 무엇보다 위험을 무릅쓰고 갈릴리 호수의 가운데 지점에 도달해도, 물고기들이 잡힌다는 보장도 전혀 없습니다. 즉, 베드로의 입장에서도 상당한 도전이 필요한 것입니다.

물론, 그대는 이 이야기를 자주 들어서 어떤 감흥도 없을 것입니다. 우리는 책상에서 이 이야기를 듣기도 하고 읽기도 하기 때문입니다. 그러나 당시의 시대를 그려봅시다. 그리고 긴장해서 생각해봅시다. 그대라면 저 '깊은 곳'으로 항해하겠습니까? 그대가 어부라면 목수(예수)의 말을 들을 수 있을까요? 그대는 감정 없는 얼굴로 '당연하죠'라고 대

하나님

답할 수 있습니다. 그러나 제가 확신하건대 매주일 예배에서 설교로 선포되는 말씀도, 하나님의 말씀으로 새겨듣지 못하는 사람이라면, 2000년 전 그 자리로 시간여행을 가도, 주의 음성을 듣지 못할 것입니다.

어부로서의 베드로는 갑니다. 하지만 직업으로서 목수의 말을 듣고 가는 것이 아닙니다. 그는 자신의 배에서 하나님의 말씀을 설교했던, 그 말씀의 대답을 의지해서 가는 것입니다. 그래서 성경도 이렇게 말합니다.

> 시몬이 대답하여 이르되 선생님 우리들이
> 밤이 새도록 수고하였으되 잡은 것이 없지마는
> 말씀에 의지하여 내가 그물을 내리리이다 하고
> 그렇게 하니 고기를 잡은 것이 심히 많아
> 그물이 찢어지는지라
>
> 누가복음 5장 5-6절

그리고 성경에 있는 문자 그대로 그물이 찢어지는 역사를 보게 되죠. 참고로 물고기로 인해서 그물이 찢어지는 것은, 정말 쉽지 않은 현상입니다. 어부로서 베드로가 가진 경험치와 노련미, 그가 가진 탁월함의 문법으로는 단 한 번도 경험해볼 수 없는 현상이었을 것입니다.

제가 그대에게 몇 번이고 반복해서 친절하게 설명하고 싶은 하나님의 탁월함이 여기에 있습니다. 그대가 노력해서 얻는 물질보다, 그분의 말씀에 순종해서 열리는 탁월함의 영역이 분명히 있다는 것입니다. 그대가 계획해서 만들어낸 시간보다, 그분의 말씀에 순종해서 열리는 시간의 오병이어가 있습니다. 하나님의 공간God's space과 하나님의 대답God's answer 안에는 그것을 가능하게 하는 충만한 에너지가 여전히 있습니다. 우리는 그것을 기적이라고 부릅니다.

물론, 이 땅의 논리로는 설명이 안 되겠죠. 그러니 이 땅의 논리가 모든 것의 완전한 기준이 되지 않아야 합니다. 그것이 그리스도인이기에 그대에게 주어진, 인생을 다르게 이해하는 방식입니다. 사실 이것이 가장 중요한데, 이것에 대한 충분한 이해력이 그대에게 없습니다. 그리스도인으로서 슬픈 이유는 세상이 어려워서가 아닙니다. 그대가 하나님을 어려워하는 것입니다. 그대가 그리스도인으로서 신앙을 어려워하는 것입니다.

신앙생활이 한없이 괴롭고 허무한 이유는, 언제나 여기에 있습니다. 이 움푹 파인 공허한 공간감에 있습니다. 신앙 안에서 꿈을 좇고, 믿음 안에서 훈련을 받아도, 현실의 거울에 비친 나를 보며 시린 눈물을 흘리는 이유가 여기

하나님

에 있습니다. 사실, 그대가 하나님의 탁월함을 잘 믿지 않는다는 것입니다. 그대가 그대의 인생을 이해하는 방식을 바꾸지 않는 것입니다.

많은 사람들은 하나님의 대답을 가볍게 여깁니다. 이 영역을 무시하거나 건너뛰기도 합니다. 하나님의 공간God's space과 하나님의 대답God's answer 보다는, 개인의 감정과 개인의 의지가 더 중요하니까요. 하나님의 말씀을 그대의 마음에 위안과 평안을 주는 '힐링' 정도의 기능으로 생각합니다. 싸구려 위로나 가벼운 공감들 말입니다. 그대는 하나님의 공간과 하나님의 대답, 그대가 직면하고 있는 현실의 모판을 뿌리째 뽑아버리거나 뒤흔들어버릴 수 있다는, 기독교 신앙의 가장 초보적인 영역조차 깊게 고려하지 않습니다. 그러니까 그대는 '나와 하나님'과의 관계를 가장 고려하지 않은 것입니다. 그 관계를 충분히 이해하고, 노력하고, 거기서부터 시작되는 꿈도 꾸지 않는 것입니다. 그러니 바람에 나는 겨와 같이 가볍습니다. 그리고 결국 자신의 시절을 한없이 증오하고, 자신의 시절을 주신 하나님을 날카롭게 미워하는 것뿐입니다. 언제나 어디서나 있었던 원망의 덩어리들로 말입니다. 사실, 하나님을 가장 믿지 않는 사람은 그대인지 모르겠습니다. 단지, 그뿐입니다.

그대는 오늘도 무엇을 준비합니까? 학업인가요? 직업

인가요? 연예인을 준비합니까? 가수를 준비합니까? 혹은 결혼을 준비합니까? 노후를 준비하나요? 그러나 그대의 진지한 노력들에 어설픈 저의 '긍정의 힘'으로 응원을 하고 싶지 않습니다. 또 서걱거리는 '자기암시'로 최면술같이 응원하고 싶지도 않습니다. 다만, 그대가 하나님과 관계있는 사람이라고 말하고 싶습니다. 하나님과 관계있는 그 공간, 그 시간, 하나님의 그 대답을 따라가는 순종에는, 정확한 탁월함이 있다고 말하고 싶습니다. 단지 그뿐입니다.

그러니 꽤 무거운 짐을 지고 있는 그대여, 주저하지 말고 하나님의 공간으로 가야 합니다. 하나님의 대답으로 가야 합니다. 그곳에서 하나님의 방식을 이해하고, 하나님의 방식을 인정해야 합니다. 반대말로는, 나의 방식을 부인하는 시간입니다. 자기부인을 시인할 수밖에 없을 정도로, 더 진실한 지점을 깨닫는 것입니다. 그대의 눈에 이해할 수 없지만, 그것이 가장 빠른 길입니다. 가장 안전한 길입니다. 그곳에서 내가 나를 사랑하는 것보다 더 진실한 사랑을 깨달으십시오. 그건 하나님이 나를 사랑하는 사랑입니다. 그곳에서 내가 나를 위해서 계획하는 것보다 더 확실한 계획을 만나보십시오. 그것은 하나님이 나를 향해 세우신 계획들입니다. 이것이 그대가 '나와 하나님'과의 관계에서 가지는 실존성입니다. 잊지 맙시다. 그리스도 예수를 따라갔던

하나님

사람 중에 길을 잃어버린 사람은 없습니다.

하나님을 사랑하라

　　이제 가장 중요한 이야기를 해봅시다. '나와 하나님'과
의 관계 속에서, 가장 핵심적인 요소인 '사랑'에 관한 이야
기입니다.

　　예수님은 바리새인들과의 논쟁들 속에서, 가장 큰 계
명을 아주 단순하게 이야기합니다. 그것은 "하나님을 사랑
하라"입니다. 그것이 가장 큰 계명이 되어야 하는 이유는,
너무나 당연한 이유입니다. 하나님을 사랑하지 않고서는,
다른 모든 계명들이 의미가 없기 때문입니다. 더 나아가 다
른 모든 계명들이 만들어지고, 세부적으로 더 나누어진 모
든 이유도, 전부 다 '하나님을 사랑하기' 위해서입니다. 인
간이 하나님을 사랑하는 방법, 의미, 무게, 한계, 경우의
수, 고려해야 할 상황 등등의 이유들로, 계명들이 더 세부
적으로 나누어진 것입니다. 그렇기에 모든 계명 중에 가장
중요한 계명은, 하나님을 사랑하는 것입니다. 그것이 '나와
하나님'과의 관계에서, 가장 중요한 것입니다. 그런데 그대
는 이쯤에서 또 가장 바보 같은 질문들을 합니다. 그 질문
들을 그림을 그리듯이 적어봅니다.

'하나님을 어떻게 사랑하는 건가?'

'하나님을 사랑한다는 의미는 무엇인가?'

'그런데 왜 나만 하나님을 사랑하는 건가?'

'하나님을 사랑하면서 내 것을 손해 본다면,

과연 그것이 사랑이 맞는 건가?'

의문은 풍성한 법입니다. 의문과 의심의 입구에서 세부적인 질문들이 좀 더 다양해질 수 있습니다. 그러나 결국 결과는 이 덩어리들을 향한 의문을 가지고 자전하고 공전할 것입니다. 하나님을 사랑하는 것이 쉽지 않죠? 그런 그대에게, 요한복음을 소개해주고 싶습니다. 적어도 요한복음에, 그 모든 의문에 대한 대답이 있습니다.

요한복음은 다른 복음서들과 다르게, 예수님과 제자들이 어떤 대화를 했는지 구체적으로 이야기해주고 있습니다. 그리고 대화의 내용뿐만 아니라, 예수님이 어떤 의도와 의미를 가지고 그 대화를 했는지도 비교적 선명하게 보여주고 있습니다. 예수님과 제자들의 대화의 절정은 예수님이 십자가를 지시기 전, 제자들과 마지막 시간을 보내는 장면입니다. 그것이 그대가 잘 아는 성만찬의 사건과 세족식의 사건입니다. 요한복음은 다른 복음서들과 다르게, 예수님과 제자들이 그 시간을 얼마나 진실하게, 그리고 간절하

하나님

게 보내는지 구체적으로 이야기해줍니다. 그리고 예수님이 무엇을 강조하는지도 보여줍니다.

> 너희가 나를 사랑하면 나의 계명을 지키리라
> 나의 계명을 지키는 자라야 나를 사랑하는 자니
> 나를 사랑하는 자는 내 아버지께 사랑을 받을 것이요
> 나도 그를 사랑하여 그에게 나를 나타내리라
> 예수께서 대답하여 이르시되
> 사람이 나를 사랑하면 내 말을 지키리니
> 내 아버지께서 그를 사랑하실 것이요
> 우리가 그에게 가서 거처를 그와 함께하리라
> 나를 사랑하지 아니하는 자는
> 내 말을 지키지 아니하나니
> 너희가 듣는 말은 내 말이 아니요
> 나를 보내신 아버지의 말씀이니라
>
> 요한복음 14장 15,21,23,24절

예수님은 제자들에게 계명을 지킬 것을 강조합니다. 다르게 표현하면, 그동안 주님이 알려주신 가르침에 순종하기를 바라십니다. 그런데 그 순종을 해야 하는 이유가 어떤 강요나 억압, 억지와 굴복으로 하는 것이 아니라, 하나

님을 사랑하기 때문에 하기를 바라십니다. 그대가 순종이라고 생각할 때 떠오르는 그런 권위에 굴복당해서 억지로 하는 모습은, 예수님도 원하지 않습니다. 예수님이 바라는 순종은, 진정한 사랑에 의한 의지적 행동입니다.

사실 창세기부터 요한계시록까지 하나님이 인간에게 바라는 것은 아주 단순했습니다. 그것은 '사랑'입니다. 하나님은 인간이 하나님을 사랑해서 어떤 것을 하고, 인간이 하나님을 사랑해서 어떤 것을 하지 않는 것을 원했습니다. 그리고 그것을 조금 더 선명한 윤곽으로 드러낸 것이 율법입니다. 그렇기에 율법을 잘 이해하기 위해서는, 문자적 관점에서 해석하기보다 사랑의 관점에서 해석하면 좀 더 쉽게 이해할 수 있습니다.

그렇다면 사랑이란 무엇일까요? 사실 그건 어려운 것이 아닙니다. 그대가 '사랑'을 하면서 자연스럽게 나오는 반응들이 있습니다. 그것이 열정이든, 질투든, 내숭이든, 배려든 말입니다. 그러나 그것은 인간과 인간과의 관계에서만 적용되는 것이 아니라, 하나님과 인간과의 관계에서도 동일하게 적용됩니다. 하나님도 그대를 사랑하기에, 사랑에 대한 반응이 자연스럽게 나오는 것입니다. 하나님에게도 그것이 열정이든, 질투든, 배려든 말입니다. 구약에서 심심치 않게 하나님이 반복해서 강조하는 것이 있습니다.

그것은 "하나님은 유일하다"라는 것과 "그 하나님을 가장 사랑하라"는 정신입니다. 그러나 이 사랑이 인간을 향한 사랑의 속성이 따로 있고, 하나님을 향한 사랑의 속성이 따로 있는 것이 아닙니다. 사랑하면 좋아하고 존경하고 배려하고 따르고 싶어 하는 속성은 동일한 것입니다.

성경에서 이야기하는 사명의 의미는 이런 사랑으로서의 순종을 연결해서 생각해야 합니다. '미션 임파서블'이나 '007시리즈' 등등의 영화와 같이 불가능한 어떤 임무를 수행하는 것으로만 이해해서는 안 됩니다. 하나님은 그대를 기계로 생각하지 않으십니다. 하나님은 그대의 자원하는 마음을 진정 원하십니다. 하나님을 정말 사랑해서, 그분의 뜻을 따르고 싶어 하는 순종, 그분의 계명을 가장 사랑하는 순종, 그 순종에서 기독교의 사명이 시작되는 것입니다.

그리고 무엇보다 그 사랑의 마음에서의 순종이, 하나님과의 합일合―을 이루게 하는 것입니다. 그대가 하나님을 사랑하지 않는 순종은, 하나님도 필요 없습니다. 그대가 하나님을 사랑하지 않는 하나님과의 합일적 추구는, 하나님을 멀리 도망가게 하는 일입니다. 그대가 하나님을 사랑하지 않으면서 지키는 율법은, 하나님도 관심이 없습니다. 무엇보다 하나님을 사랑하지 않으면서, 기독교의 '사명'을 수행한다는 것은 완전히 불가능한 일입니다. 그런 시도는 하면 할수록 하나님과 더 멀어지는 것입니다.

주님을 너무나 사랑해서, 주님의 마음을 헤아려서, 걸어가는 사명이 숭고한 것입니다. 그러니, 이제 그대의 마음을 잘 점검해봅시다. 그대가 가이사를 사랑하는지, 하나님을 사랑하는지. 그대가 바알을 사랑하는지, 하나님을 사랑하는지. 그대가 그대 자신을 더 사랑하는지, 하나님을 사랑하는지. 사랑에 중간은 없습니다. 전라도 사투리로 '기면 기고 아니면 아닌 것'입니다. 하나님은 당신의 일을 해줄 사람이 필요한 것이 결코 아닙니다.

예수님의 응원

그대는 성경에서 예수님과 가장 가깝게 지낸 사람이 누구라고 생각하나요? 예수님이 어떤 분인지 가장 잘 아는 사람이 누구라고 생각하나요? 이것에 대해서 사람마다 약간의 의견이 다를 수 있습니다. 질문을 바꾸어봅니다. 그대는 성경에서 예수님을 가장 사랑한 사람이 누구라고 생각하나요? 저는 주저하지 않고 '베드로'라고 생각합니다. 베드로는 예수님의 열두 제자 중 수제자이기에, 어디에 있든지 예수님 옆에 붙어 있었습니다. 수제자라서 그런 부분도 있겠습니다. 그러나, 관계적인 의미로 생각해봅시다. 베드로는 예수님을 가장 사랑하기에, 항상 예수님 옆에 있었던 것입니다. 그렇기에 베드로는 다른 제자들보다 예수님이 어떤 것을 좋아하는지, 어떤 것을 중요하게 생각하는지, 비교적 더 정확하게 알았을 것입니다.

그러나 그런 베드로가 예수를 배반합니다. 그대가 알듯이 베드로는 닭 울기 전에 세 번 예수님을 부인했습니다. 물리적으로 2000년이나 지난 시간에서, 이 베드로의 부인 사건을 본다면 그대는 여러 가지 정황을 따져서 생각할 수 있습니다. 상황적으로, 관계적으로, 심리적으로 따져보았을 때, 베드로의 무게감도 엄청났을 것입니다. 그래서 그대는 그 사건 속으로 들어가 베드로를 위로하고 싶을지도 모르겠습니다. 괜찮다고. 나도 똑같다고. 너의 마음을 다 이해한다고. 참 좋은 위로와 공감의 언어입니다.

그러나 배반한 당사자인 베드로의 입장에서 그대의 위로는 싸구려 말장난일 뿐입니다. 제가 극단적이라고요? 아닙니다. 이 세상에는 **어떤 것도 위로가 될 수 없는 감정이 있기도 합니다. 그것이 베드로에겐 예수님을 배반한 것입니다.** 베드로는 이 세상에 있는 어떤 것으로도 분명 위로가 되지 않을 것입니다. 차라리 죽고 싶은 심정이었는지도 모르겠습니다.

영화 속에서는 배반한 사람이 냉정하고, 전략적이고,

더 악랄하게 잘 살아가는 것같이 보이지만, 현실 세계는 다릅니다. 현실에서는 배반한 사람 역시 더 괴롭고 후회스럽고 아픈 감정 속에, 평생을 살아가게 됩니다. 그것은 잘 회복되는 것이 아닙니다. 위로와 공감은 참으로 필요하지만, 매번 탁월한 대안은 아닙니다. 분명 베드로에겐 그러했을 것입니다. 그리고 요한복음을 제외한 마태복음, 마가복음, 누가복음은, 실패한 베드로의 모습으로 그 막을 내립니다.

세 가지 복음서는 베드로의 모습을 더 이상 상세히 설명하지 않습니다. 그런데 사복음서 이후에 기록된 사도행전을 보면, 거기에서 등장하는 베드로의 모습은 사자 같은 전사의 모습입니다. 3,000명을 회심시키고, 5,000명을 믿게 합니다. 불같은 능력으로 수많은 병자들을 치유하고, 교회를 통치합니다. 당시에 있었던 종교 지도자들과 논쟁을 하지만, 예전과 다르게 흥분하는 모습이나 겁쟁이의 모습은 전혀 없습니다. 심지어 감옥에 갇혀 있지만, 그의 마음 가운데 한 조각의 절망도 보이지 않습니다. 오히려 천사가 그 옥문을 열어 베드로가 탈출하게 됩니다. 누가 봐도 베드로는 사명감에 활활 타오르는, 전사의 모습입니다. 베드로는 어떻게 이렇게 변하게 된 것일까요? 분명 마태복음, 마가복음, 누가복음에서는 실패자의 모습으로만 끝났는데, 베드로에게 어떤 일이 일어난 걸까요? 그것을 알기 위해서

하나님

는 요한복음의 마지막을 보아야 합니다.

요한복음 이야기를 더 해봅시다. 아까도 설명했지만, 요한복음은 다른 복음서들과 다르게 예수님과 제자들의 깊은 대화가 적혀 있습니다. 그래서 예수님의 마음에 무엇이 있는지, 그분이 어떤 것을 좋아하고 싫어하는지, 그분이 추구한 하나님나라는 무엇인지가 아주 적나라하게 나와 있습니다. 그런 관점에서 요한복음의 마지막인 요한복음 21장은 너무나 귀한 내용입니다. 그 이유는 예수님이 베드로를 어떻게 회복시키는지 아주 구체적으로 나와 있기 때문입니다.

그들이 조반 먹은 후에
예수께서 시몬 베드로에게 이르시되
요한의 아들 시몬아
네가 이 사람들보다 나를 더 사랑하느냐 하시니
이르되 주님 그러하나이다
내가 주님을 사랑하는 줄 주님께서 아시나이다
이르시되 내 어린 양을 먹이라 하시고
또 두 번째 이르시되 요한의 아들 시몬아
네가 나를 사랑하느냐 하시니
이르되 주님 그러하나이다
내가 주님을 사랑하는 줄 주님께서 아시나이다

이르시되 내 양을 치라 하시고

세 번째 이르시되 요한의 아들 시몬아

네가 나를 사랑하느냐 하시니

주께서 세 번째 네가 나를 사랑하느냐 하시므로

베드로가 근심하여 이르되

주님 모든 것을 아시오매 내가 주님을 사랑하는 줄을

주님께서 아시나이다

예수께서 이르시되 내 양을 먹이라

요한복음 21장 15-17절

그대는 이 본문의 설교를 많이 들었을 것입니다. 이 본문을 설교할 때 보통의 주제는 사랑의 종류들에 관한 이야기였을 것입니다. 일명 에로스, 스테르고, 필레오, 아가페에 관한 담론입니다. 에로스(Ἔρως)는, 남녀의 육체의 사랑, 스테르고(στέργω)는 가족 간에 느끼는 사랑, 필레오(φιλέω)는 우정의 사랑, 아가페(αγάπη)는 거룩한 사랑이라는 아주 초보적인 뜻이 있습니다. 그래서 이 본문을 설교할 때, 예수님은 베드로에게 아가페(αγάπη)의 사랑을 물었는데, 베드로는 필레오(φιλέω)의 사랑으로 대답했다고 들었을 것입니다. 그래서 베드로는 아직 예수님의 수준으로 사랑하지 않는다는 결론을 말하죠.

하나님

그러나 엄밀히 말하면, 이런 구분은 오늘날의 관점에서 해석하기에 구분되는 것입니다. 그 당시 유대 사회 속에서는 이런 '사랑'의 단어에 관한 용례들이 지금 해석하는 것처럼 완전히 구분되지 않았을 것입니다. 동일한 요한의 저작인 요한복음과 요한서신에 등장하는 '아가페'와 '필레오'의 상황적 의미를 살펴보면, 그렇게 각진 구분을 하지 않는다는 것을 알 수 있습니다. 요한복음 3장 16절의 "하나님이 세상을 이처럼 사랑하사"의 사랑에는 '아가페'가 쓰여 있습니다. 그런데 그다음 구절인 19절에 "사람들이 자기 행위가 악하므로 빛보다 어둠을 더 사랑한 것이니라"에서도 그 사랑이 '아가페'입니다. 요한복음 12장 43절에도 "그들은 사람의 영광을 하나님의 영광보다 더 사랑하였더라"도 그 사랑이 '아가페'입니다. 필레오의 용례도 생각해볼 수 있습니다. 요한복음 5장 20절의 "아버지께서 아들을 사랑하사"의 본문에서 사용된 것은 아가페가 아니라 '필레오'입니다. 요한복음 11장 3절의 예수가 나사로를 사랑하는 사랑도 '필레오'이며, 요한복음 16장 27절에서 예수를 향한 제자들의 사랑도 '필레오'입니다. 심지어 비교적 정확한 단어를 사용하는 바울도 고린도전서 16장 22절에서 "만일 누구든지 주를 사랑하지 아니하면 저주를 받을지어다"의 사랑도 '필레오'입니다.

제가 이렇게까지 구체적으로 설명한 것은, 그대가 가지고 있는 선입견으로 요한복음 21장을 대하지 말기를 부탁드리기 위함입니다. 요한복음 21장은 정말 위대하고 숭고한 의미들로 가득하기 때문입니다. 그것은 욥이 품었던 비명의 내력을 가지고 있는 베드로가 어떻게 일어났는지를 보여주고, 결국에 예수가 '신앙'에 있어서 가장 중요하게 여기는 것이 어떤 것인지를 가장 날것의 언어로 볼 수 있기 때문입니다. 무엇보다 초대교회의 수장인 베드로의 사명이 어떻게 잉태하는지를 가장 적나라하게 볼 수 있기 때문입니다.

그것을 가장 단순하게 이야기하면 '사랑'입니다. 조금 복잡하게 이야기하면, '예수를 전적으로 믿는 사랑의 위대함'입니다. 어쩌면 베드로에게 자신을 사랑하는지 세 번이나 묻는 예수님의 마음은, 바닥에 있는 베드로보다 더 간절했는지 모릅니다. 그가 포기하지 않기를. 그가 절망하지 않기를. 그가 주저앉지 않기를. 한없이 바라는 간절함들 말입니다. 예수님은 사랑을 물으면서 응원하고 있는 것입니다.

중요한 것은, 이 지점에서 예수님은 그분의 전능한 능력으로 베드로를 강제적으로 일으키지 않으셨다는 점입니다. 이 지점에서 예수님도 사랑의 가능성에만 모든 것을 걸고, 베드로가 스스로 부활하기를 바랐습니다. 그분이 희망

하나님

했던 것은 사랑의 가능성이죠. 그리고 베드로는 일어납니다. 그의 고백과 더불어 새로운 사명으로.

사랑의 능력은 부활이다

베드로가 스스로 일어나는 존재적 부활은, 세상에 흔하게 굴러다니는 당근이나 채찍이 아닙니다. 혹은 이것과 저것을 하면 대박이 날 거라는 기대심리도 아닙니다. 로또나 주식 따위의 메커니즘도 아닙니다. 예수님은 베드로가 예수님을 사랑해서 스스로 부활하기를 바랐던 것입니다. 사랑에는 그런 힘이 있으니까요. 그런 '사랑의 힘'이, 하나님이 세상을 이처럼 사랑해서 그 모든 것들을 창조하신 능력입니다. 그런 '사랑의 힘'이, 예수가 제자들을 그토록 사랑해서 십자가에 죽으신 사건입니다. 예수는 베드로가 그 사랑 안에 있다면, 저 바닥에서도 일어날 수 있다고 믿은 것입니다. 그리고 그 지점에서 참다운 '사명'과 접속되는 것입니다.

그대는 하나님을 사랑합니까? 그대는 하나님을 위해서 살아가고 싶다고 말하지만, 사실 하나님을 사랑하지는 않고 있는 것 아닙니까? 그대는 사명으로 살겠다고 거룩한 결심들을 하지만, 하나님을 향한 사랑은 별개라고 생각하는 것 아닙니까? 아니면 혹은 내가 남자라서, 혹은 내가 무뚝뚝한 사람이라서, 하나님을 사랑하는 것이 뭔지 모르겠다고 하는 것 아닙니까? 그러나 정확하게 기억하십시오. 하나님을 향해 몸과 마음과 힘을 다해 사랑해보지 않은 이가, 하나님을 위해서 일하겠다는 것이 모순입니다.

청교도 존 오웬John Owen은 이런 말을 했습니다. "하나님을 향해서 상사병도 앓아보지 못한 이가, 과연 얼마나 성경의 진리에 눈뜰 수 있겠는가?" 너무나 탁월한 말입니다. 마음을 대해서 하나님을 사랑해보지 못한 사람이, 어떻게 하나님을 위해서 살 수 있겠습니까. 하나님을 향해서 심각한 우울증도 앓아보지 못한 사람이, 어떻게 그분을 위해 자신을 던질 수 있겠습니까.

대부분의 사람들이 편하게 말하는 '사명'은 가장 보통의 '야망'입니다. 그대가 이루고자 하는 사명이, 결국 그대의 이름을 높이기 위해서 하나님을 이용하는 것 아닙니까? 결국 그대가 어떤 인기와 영향력을 독점하기 위해서 하나님을 활용하는 것은 아닙니까? 그러나 착각하지 마십시오. 하나님은 당신을 위해서 살아갈 사람이 필요하지 않습니다. 당신을 위해서 돈을 쓸 사람이 필요한 것도 아닙니다. 당신의 영광을 높이기 위해서 어떤 유명한 사람들의 영향력이 필요한 것은 더더욱 아닙니다. 그대가 하나님과 거래하고 싶은 어설픈 내용들은, 그대가 얼마나 같잖은 사람인지를 보여줄 뿐입니다.

　요한복음 21장의 베드로와 예수의 대화를 보고 있노라면, 예수님이 정말 중요하게 여기는 것이 무엇인지 알 수 있습니다. 그것은 하나님을 향한 살아있는 사랑입니다. 그것이 겉옷의 민망함과 연약함, 후회와 회개, 분노와 좌절의 모양을 가지고 있더라도 관계없습니다. 그 겉모양이 아무리 추해도 그 안에 하나님을 향한 살아있는 사랑이 있다면, 하나님은 탕자의 아버지같이 되기를 주저하지 않습니다. 그분은 언제든지 한없이 넓고 따듯한 품으로 그대를 안으실 준비가 되어 있으신 분입니다. 그대가 하나님을 향한 살아있는 사랑이 있다면, 유일하신 하나님은 언제든지 그대의 아버지가 될 준비가 되어 있습니다. 적어도 하나님에겐, 이 사랑이 가장 중요한 것입니다.

베드로의 사랑

　그대는 어설프게 이런 생각을 할 수 있습니다.

'베드로의 저런 고백은 나도 할 수 있어요!'
'예수님이 저렇게 직접 묻는데,

베드로처럼 대답하지 않을 사람이 있나요? '

맞습니다. 저런 고백은 그대라도 할 수 있습니다. 그리고 예수님이 저렇게 직접적으로 묻는데, 베드로처럼 대답하지 않을 사람이 어디 있을까요? 아마 그대는 더 잘할 수 있을 것입니다. 그러나 요한복음 21장이 귀한 이유는, 예수님이 베드로를 얼마나 사랑하는지도 볼 수 있지만, 사실 베드로가 예수님을 얼마나 사랑하는지도 볼 수 있기 때문입니다.

> 예수께서 사랑하시는 그 제자가
> 베드로에게 이르되 주님이시라 하니
> 시몬 베드로가 벗고 있다가 주님이라 하는 말을 듣고
> 겉옷을 두른 후에 바다로 뛰어 내리더라
> 다른 제자들은 육지에서 거리가 불과 한 오십 칸쯤 되므로
> 작은 배를 타고 물고기 든 그물을 끌고 와서
>
> 요한복음 21장 7-8절

요한복음 21장을 보면, 예수님을 배반한 베드로가 물고기를 잡고 있는데, 예수의 사랑하는 제자(요한)가 베드로에게 "저기 주님이시다"라고 말합니다. 그리고 그 말을 들

하나님

은 베드로는 물고기를 잡느라 벗고 있었던 겉옷을 다시 챙겨 입고 바다로 뛰어듭니다. 본문은 그 거리가 얼마큼인지 보여줍니다. '육지에서 거리가 오십 칸'이라고 합니다. 현대 단위로 치환하면 91미터 정도일 것입니다. 즉, 예수님이 있는 육지와 베드로가 있는 바다 사이는 91미터 정도의 차이가 있습니다. 본문은 그곳의 지명을 '디베랴 호수'라고 말하지만, 학자들이 추정하는 장소는 가버나움 서쪽의 타브가Tabgha일 것입니다. 그리고 그곳의 바다와 육지의 100미터 지점은 갈대와 자갈밭이 가득하여 사람이 헤엄쳐서 도달하기는 힘든 위치입니다.

중요한 것은 베드로도 알고 있습니다. 지금 헤엄쳐서 예수께 도달하기 힘들다는 것을요. 오히려 배를 타고 도달하는 것이 더 안전하고 빠르다는 것도 알고 있습니다. 베드로가 그 정도를 모르지 않습니다. 그런데 베드로는 그런 계산을 하지 않은 모양입니다. "저기 주님이시다"라는 한 마디에 무모하게 바다에 뛰어듭니다.

다른 제자들은 무엇을 하고 있을까요? 그게 참 대비가 됩니다. 다른 제자들은 153마리의 만선滿船을 포기하지 않고, 그 배에 탄 채로 천천히 육지를 향해 갑니다. 다른 제자들도 저기 육지에 있는 분이 예수님라는 것을 알지만, 그들은 바다로 뛰어들지 않습니다. 어쩌면 그들의 마음에는 베드로보다 똑똑한 이성적 판단이 있었는지도 모르겠습니다. 이 배를 가지고 가면, 힘들지 않고, 153마리의 만선도 포기하지 않고, 안전하게 육지에 도착해서 예수님을 만날 수 있다는 합리적이고 똑똑한 방법들 말입니다. 그러나 베드로는 배와 그물과 물고기를 버리고 바다에 뛰어듭니다. 마치 그날 갈릴리 해변에서 처음 예수를 만났을 때처럼 말입니다. 그는 진정 왜 그럴까요? 그날의 배신이 생각나서 자살이라도 하려는 걸까요? 결코 아닙니다.

그 이유는 아주아주 단순한 것입니다. 베드로는 당장 예수를 만나고 싶은 것입니다. 물고기 153마리가 중요한 것이 아니라, 지금 저기 있는 예수가 중요한 것입니다. 91미터의 지점이 중요한 것이 아니라, 그토록 보고 싶었던 나의 예수님을 다시 볼 수만 있다면 당장에라도 바다에 뛰어드는 것입니다. 베드로가 비록 지금 물고기를 잡고 있지만, 사실 예수가 너무 보고 싶고, 사실 예수가 너무 좋고, 이딴 배와 그물, 물고기는 걸리적거리는 것일 뿐입니다. 그것이 베드로가 예수를 얼마나 사랑하는지 보여주는 장면입니다.

그대는 하나님을 사랑하는 것 같기도 합니다. 예수님이 그대에게 "나를 사랑하느냐"라고 직접 세 번이나 묻는다면, 아마 베드로보다 더 잘 대답할 것입니다. 더 낭만적으로, 더 신앙적으로 말입니다. 그래서 마치 그대가 베드로

하나님

보다 예수를 더 사랑하는 것처럼 생각할 수도 있고, 그대의 인생에서 하나님을 정말 정말 사랑하는 것처럼 착각할 수도 있습니다. 그러나 그대는 저기 베드로처럼 바다의 91미터 지점에서 뛰어들 수 있습니까? 단순히 헤엄을 친다는 의미가 아니라, 153마리라는 만선의 배와 그물을 버리고 그 바다에 뛰어들 수 있습니까? 나의 예수가 너무 좋아서, 나의 예수가 너무 보고 싶어서, 아무것도 계산하지 않는 저런 바보 같음을 소유할 수 있습니까?

　사실, 사랑이라는 것이 속기도 쉽고 속이기도 쉬워서, 신앙 가운데 '하나님을 사랑한다'는 것이 아리송할 때가 있습니다. 내가 하나님을 사랑하는 것 같기도 하고, 아닌 것 같기도 합니다. 그럴 때는 기억하십시오. '나는 바다의 91미터 지점에 뛰어들 수 있는가? 나의 예수가 너무 좋아서, 나의 예수가 너무 보고 싶어서, 아무것도 계산하지 않는 그런 바보가 될 수 있는가' 말입니다.

　저는 요즘 그대가 무엇을 준비하는지 모르겠습니다. 어떤 것을 꿈꾸고 있는지 모르겠습니다. 그러나 대부분 그대가 꿈꾸는 그 모든 것들은, 언제나 그대가 가장 사랑하는 것에서부터 출발하는 것일 것입니다. 그것이 직업으로서 요리사를 꿈꾸든, 가수를 꿈꾸든, 연기자를 꿈꾸든, 교수를 꿈꾸든, 취업을 준비하든, 어떤 대학을 위해서 재수를 하든 말입니다. 물론, 자기 자신을 사랑하는 마음은 결코 잘못된 것이 아닙니다. 그러나 그대는 거기까지입니다. 이것은 인정해야 합니다. 그대가 그대의 이름을 마음을 다해 목숨을 다해 사랑하니, 가장 중요한 선택들 앞에서 신앙보다는 눈앞의 이익을 택하는 것입니다. 가끔씩 그대는 그대의 재물과 재능, 어떤 달란트를 가지고 하나님을 섬길 수 있습니다. 또 교회를 섬길 수도 있습니다. 심지어 위대한 구제를 할 수도 있습니다. 그러나 그래도 그대는 사명으로 일하는 것이 아닙니다. 딱 그 정도입니다.

성경에서 보여주는 '사명이 잉태하는 순간'은, 하나님을 너무나 사랑해서, 하나님 외에는 아무것도 보이지 않는 것입니다. 하나님을 사랑하는 것만 모든 것에 의미를 두는 것입니다. 당장 그대 앞에 있는 시간의 문제, 돈의 문제, 건강의 문제들을 고려하지 않는 단순함입니다. 저는 지금 사표를 내라는 소리가 아닙니다. 모든 것을 제쳐두고 교회 일을 하라는 소리가 아닙니다. 단지 그대가 '사명'이라는 이름을 쉽게 붙이지 말라는 것입니다. 사명은 그대가 자주 하는 레퍼토리인, '이것저것들을 해주세요. 그럼 하나님을 위해서 일하겠습니다' 혹은 '하나님을 위해서 일할 테니, 이런저런 것들을 해주세요' 따위의 하나님과의 어설픈 거래가 아닙니다. 그런 거래들의 비참한 결과들은 수많은 역사

하나님

속에 널리고 깔려 있습니다. 사명은 그렇게 잉태하는 것이 아닙니다.

사명이 잉태하는 순간

　　요한복음 21장의 이야기를 더 해봅시다. 요한복음 21장의 하이라이트는 베드로의 사명이 잉태하는 순간입니다. 지금까지 그대에게 차곡차곡 설명했듯이 예수님은 베드로와 만납니다. 그리고 3문3답을 합니다. 그런데 그 후에 예수님이 베드로에게 사명을 주시는데, 그것이 참 인상적입니다.

내가 진실로 진실로 네게 이르노니
네가 젊어서는 스스로 띠 띠고 원하는 곳으로 다녔거니와
늙어서는 네 팔을 벌리리니 남이 네게 띠 띠우고
원하지 아니하는 곳으로 데려가리라
이 말씀을 하심은 베드로가 어떠한 죽음으로
하나님께 영광을 돌릴 것을 가리키심이러라
이 말씀을 하시고 베드로에게 이르시되 나를 따르라 하시니

요한복음 21장 18-19절

예수님은 지금 베드로에게 참으로 이상한 말을 합니다. "베드로야. 네가 젊을 때는 네가 원하는 곳으로 다니고 살았지만, 이제는 남이 너의 팔을 벌리고 남이 너에게 띠를 띠우는 삶을 살게 될 거야"라고 말합니다. 쉽게 이야기해서, 네 인생은 이제 네 것이 아니라, 남의 것이라고·말씀하시는 것입니다. 그리고 그것이 베드로가 가진 사명의 이름표입니다.

예수님은 왜 이것을 요한복음 21장의 마지막에 가서야 이야기하는 걸까요? 예수님은 왜 이것을 3문3답 이후에 말씀하시는 걸까요? 그것은 참된 사명이 어떤 얼굴을 가지고 있는지 보여주는 것입니다. 그 사명의 얼굴은 결국 자기 자신을 위해서 살아가는 그 모든 성격, 그 모든 모양, 그 모든 목표는 예수가 말하는 사명이 될 수 없다는 것입니다. 예수가 말한 사명은, 베드로 본인마저도 원치 않는 삶의 모양인 것입니다.

사명이 잉태하는 순간에 주를 향한 사랑의 절정이 있습니다. 그러나 잊지 마십시오. 그 주를 향한 사랑의 절정이 말해주는 결론은, 그대가 꿈꾸는 삶의 모양이 아닐 수도 있는 것입니다. 그대가 지금까지 준비해온 모든 것과 다를 수도 있는 것입니다. 그러나 베드로와 같이 정말 기쁘게 바다에 뛰어들어가는 것이 사명의 모양인 것입니다.

하나님

그대는 교회에서 '하나님을 위해서' 그대가 가진 달란트를 활용하라고, 그대가 가진 재능을 발달시켜 사용하라고, 그대가 가진 어떤 기능들을 교회를 위해서 봉사하라고 들었을 것입니다. 모두 귀합니다. 모두 소중한 것들입니다. 그러나 진정 예수가 베드로와의 관계의 마지막에 부탁했던 사명의 모양은, 이런 것들과는 관계가 없는 것입니다. 참된 사명의 모양은 그대가 할 수 있는 것이 어설프고, 재능이 없고, 심지어 자격이 안 되어도, 하나님을 사랑해서 아주 기쁘게 바다에 들어가는 것입니다. 그렇게 자기를 죽이는 모양이, 하나님께 영광이 되는 모양이고, 그런 사랑의 절정으로 예수를 따라가는 것입니다. 비록 이 땅에서 어떤 결론을 내지 못하고, 어떤 결과물을 만들지 못해도 말입니다.

그대가 원하는 삶을 살 수 없고, 그대가 주인공이 아닐 수도 있다는 말에, 그대에게 어느 정도 허무한 마음이 들어오는 것을 알고 있습니다. 그러나 그것이 끝이 아닙니다. 하나님이 그 어설픈 모양들, 그 미완의 덩어리들을 사용하십니다. 우리의 인생은 유한하지만 하나님은 영원하시니, 하나님 편에서는 어떤 것도 끝난 것이 아닙니다. 그것이 성경에서 말하는 메시지입니다.

이젠, 하나님을 사랑하라

'나와 하나님'의 관계에 있어서 그분이 요구하는 것은 '사랑'입니다. 그 이유는 하나님이 그대를 사랑하기 위해서, 모든 것을 보여주었기 때문입니다. 그러면 적어도, 이 사랑 안에서 하나님은 당신의 많은 비밀한 것들을 숨겨두셨을 것입니다. 감히 그것은, 감히 하나님을 움직일 수 있는 힘일 수도 있습니다. 만약 그렇다면, 그것이 이 세상에서 가장 강력한 힘이 됩니다. 그러니 그대에게 간절하게 말합니다. 그대는 주저하지 말고, 마음을 다하고 목숨을 다하고 뜻을 다해서, 유일하신 하나님을 사랑하라고 말입니다. 신앙을 가진 그리스도인의 일생에서 그것만큼 귀하고 아름다운 것도 없습니다. 이젠, 진정 하나님을 더 사랑합시다.

하나님

친애하는

나의 적들에게

해답에 관하여

이 책의 마지막까지 오셨습니다. 그대가 이 책을 보면서, 기대했던 것들을 그리듯 적어봅니다.

많은 학교 친구들 사이에서 더욱 빛날 수 있는 관계의 기술,

교회생활에서 필요한 관계의 기술

회사생활에서 살아남는 관계의 기술

직장 동료 사이에서 더욱 빛나는 관계의 기술

왕따를 당했을 때 다시 일어나는 관계의 기술

남녀 사이에 자연스럽게 연애까지 성공하는 관계의 기술

가족 관계에서 하나가 되게 하는 관계의 기술

형제자매 사이에서 필요한 관계의 기술

모든 사람들과 친해질 수 있는 관계의 기술

항상 인기 있을 수 있는 관계의 기술

무너진 사이가 회복되는 관계의 기술 등등

어디 이것만 있을까요? 그대는 말할 수 없을 정도로 다양한 관계의 난제들 속에서 다양한 니드^{need}를 가지고 있을 것입니다. 단 하루를 살아가도, 이 모든 관계의 문법들이 그대의 삶에 깊이 관여될 수도 있습니다. 그렇기에 그대는 이 책을 열었을 때, 이것들에 대한 해답을 기대했는지도 모릅니다. 해답을 줄 수 없다면 대답 정도는 기대했는지도 모르겠습니다.

그러나 그런 그대의 마음에, 이런 말을 정확하게 하고 싶습니다. 만약 그대가 이런 관계의 문제와 난제들 속에서, 한두 가지 기술로 해답을 얻을 수 있다고 확신했다면, 그것만큼 거짓말이 없다는 것입니다. 왜 그럴까요? 인간은 그리 단순한 동물이 아니기 때문입니다. 지금 그대가 그대와 관계되어 있는 사람을 사랑하는지, 미워하는지, 호감이 있는지, 이용해 먹으려는지, 적당히 거리감을 유지하려고 하는지, 단순히 지나가는 사람으로 여기는지, 아니면 사기를 치려고 하는지 상대방도 다 알고 있습니다. 그것도 소름 돋을 만큼 정확하게 말이죠. 반대로 그대도 다 알고 있습니다. 그렇기에 인간을 이해하지 못하는 '관계의 기술'은 모두 망상에 불과합니다. 어떤 기술로 인간관계의 풍요를 누릴 수 있다고 말하는 것은 모두 몽상입니다.

그런데도 이 세상은 끊임없이 이런 관계의 기술에 관한 신기루 같은 메시지를 던져줍니다. 그것들을 읽고 있노라면, 인간의 온기와 풍성함, 그리고 지혜와 선함, 동시에 악랄함과 교활함, 무엇보다 지적인 능력과 마음의 깊이를 전혀 이해하지 못했다고 확신할 수밖에 없습니다. 다시 한번 강조하거니와, 인간은 그리 단순하지만, 또 그리 단순하지도 않습니다. 인간이 맺고 있는 관계는 기술로서 세울 수 있는 산이 아닙니다.

그렇다면 해답이 없는 걸까요?

아닙니다. 해답이 있습니다. 대답도 있습니다. 정답도 있습니다. 그건 그대가 가진 특수성에 있습니다. 그 특수성은 그대가 '그리스도인'이라는 지점입니다. 이 지점을 자주 강조하기에, 질리고 물릴 수도 있겠습니다. 그러나 이것이 가장 중요한 매듭이라는 것도 사실입니다. 그리스도인으로서 그대가 가진 지혜로움은 이 모든 관계들이 '상대적 관계'라는 것을 빠르게 인식하는 것입니다. 그 대신 그대에게 있는 가장 '절대적인 관계'를 인식하는 것이죠. 그것이 바로 지금까지 이야기한 것들입니다.

나와 나의 관계

나와 이웃의 관계

나와 하나님의 관계

성경에 나오는 수많은 인물들은, 모두 한계에 봉착합니다. 그 대부분이 관계에 관한 지점입니다. 그러나 그들이 그 한계를 이겨내는 과정을 깊이 새겨봅시다. 그들은 어떤 작은 '기술'들을 습득함으로 이겨낸 것이 아닙니다. 그들은 '나와 나의 관계'에서, 자신을 지속적으로 실험하고 이상성을 가지고 실험하며 사랑한 것입니다. '나와 이웃의 관계'에서, 적극적으로 나의 이웃을 찾아낸 것입니다. 나의 공동체가 어디인지를 정확하게 인식하며, 그곳에서 사랑을 주기도 하고 받기도 하는 것입니다. 무엇보다 '나와 하나님의 관계'에서 자신의 모든 여정과 한계를 하나님께 맡긴 것이죠. 그분이 인도하시는 그곳까지 걸어간 것입니다. 그리고 그분을 사랑한 것입니다.

적어도 여기에 확실한 해답이 있습니다. 필요한 대답이 있습니다. 선택해야 할 정답이 있습니다. 그대가 그리스도인이기에, 여기에서 얍복 강가의 씨름을 해야 합니다. 그대의 환도뼈가 부러질지는 모르겠지만, 하나님은 여기서 등장하십니다. 적어도 우리는 이 지점을 믿는 그리스도인입니다.

친애하는 나의 적들에게

그대가 만나는 수많은 관계들이 있습니다. 그 관계들은 그대의 편이 되기도 하지만, 적이 되기도 합니다. 그런 적들에게 그대는 어떤 방법으로 이길 수 있을까요? 그건 그대가 강해지는 것입니다. 감히 그대의 적들이 그대를 적으로 삼을 수 없을 정도로 말입니다. 그러나 그 강함의 방식은 그대가 믿는 지점들에 관해서입니다. 본디 그리스도인이란, 자신이 믿는 그 지점에서 열매를 먹어야, 더 성장하는 법입니다.

그리스도인에게 시리도록 아름다운 강함이란, 철을 구부리고 쇠를 녹이며 누구보다 빠르게 달리고 하늘까지 오르는 것이 아닙니다. 고난에 굴하지 않고 끝까지 삶을 살아내며, 마침내 스스로를 증명하는 태도에 있습니다. 무엇보다 자기에게 주어진 모든 것들을 사랑하는 품위에 있습니다. 품위를 잃어버리면 모든 것을 잃어버리는 것입니다.

　우리의 품위는 예수 그리스도가 본을 보이셨습니다. 한결같은 상하구조로 관계를 이해하는 것이 아니라, 타인의 관점에서 관계를 이해하는 것입니다. 바리새인들과 대결할 땐, 예리한 칼보다 더 날카롭게 있으셨습니다. 제사장들과 대결할 땐, 로마 군인보다 더한 카리스마로 그들의 책상을 엎으셨습니다. 심지어 채찍도 사용하셨죠. 그러나 사회적 약자들에겐 경계심 없는 동네 형의 모습으로, 세리와 창녀와 죄인들에겐 함께 먹고 마시는 이웃이 되어주셨습니다. 예수 그리스도에게 관계는 품위였습니다.

　그렇기에 그대도 모든 관계를 한결같은 이해력으로 이해해선 안 됩니다. 상하구조라는 계단식 관계를 매번 적용해서는 안 됩니다. 어떤 관계에선 그대의 존재가 아름답고 쓸모없는 존재가 되어야 합니다. 또 어떤 관계에선 차가운 포옹과 뜨거운 이별을 가지는 관계가 되어야 합니다. 또 어떤 관계에서는 깨끗한 존경심으로, 누군가를 섬겨야 합니다. 또 어떤 관계에서는 누군가의 과거가 되어줄 용기가 필요합니다.

그렇기에 감히 그대를 삼키려는 적들에게, 준열하게 웃어도 주고 울어도 주는 친애성親愛性을 만들어야 합니다. 단, 그리스도인으로서 품위를 잃어버리면 끝이 나는 것입니다. 그리스도인의 품위란 다른 것이 아닙니다. 그리스도인으로서 어른이 되는 것입니다. 어른스러운 길이란 애당초 만들어진 길이 아닙니다. 자신의 선택과 그것을 어른스럽게 책임지려는 태도입니다. 품위는 그렇게 품격으로 성화되는 법입니다.

비록 그대가, 선택의 다음 페이지를 넘길 때 느껴지는 단 한 장의 촉감과 그것의 어마어마한 무게감이 있을지라도, 결국 그대가 배운 그리스도를 선택하는 황홀한 아름다움을 잊지 않기를 바랄 뿐입니다. 성경의 가르침이 유한한 인간의 눈과 논리에는 모순되게 보이지만, 무한한 하나님의 눈과 논리에는 전혀 모순이 아닙니다.

교회

    이런 말이 너무 상투적으로 들릴까봐 걱정되지만, 그대로 이 이상의 말은 없습니다. "하나님은 그대를 사랑하십니다." 그대를 사랑하는 하나님이, 그분의 아들인 예수를 주셨습니다. 그리고 그 예수가 그대를 위해서 죽고 부활합니다. 그 후 승천하셨죠. 그러면 그리스도 예수는 어디에 계실까요? 그분은 십자가에서 이런 말씀을 하셨습니다.

> 예수께서 신 포도주를 받으신 후에 이르시되
> 다 이루었다 하시고
> 머리를 숙이니 영혼이 떠나가시니라
>
> 요한복음 19장 30절

    그분은 무엇을 다 이루신 것일까요? 겉만 볼 땐 아무것도 이룬 것이 없습니다. 그러나 그분은 생의 마지막 호흡을 다 쏟으시면서, 신중하게 한마디를 결정하고 토해내신 것입니다. 그것이 바로 "다 이루었다"입니다. 그분이 이루셨다는 것은, 지난날 사역에 관한 것이기도 하겠지만, 미래를 향한 종말론적인 의미도 있습니다. 그분은 그분의 시간과 공간에서 다 이루신 것입니다. 그런데 그것이 무엇일까요? 그건 그분이 부활 승천하신 후에, 이 땅에 이루어진 것들을 보면 알 수 있습니다. 그것이 바로 '교회'입니다.

참으로 신비합니다. 그분이 없는 땅에 교회가 등장합니다. 그리고 거기서부터, 시대의 역사를 이길 강력한 역사가 창조되었습니다. 무엇보다 그 교회의 예배를 통해서, 삼위일체 하나님은 다시 이 땅에 등장합니다. 그래서 '사도행전'은 '교회행전'입니다. 그러면 적어도, 이 땅에 있는 모든 문제에 대해서 교회는 그분의 해답이자, 대답이자, 정답입니다. 쉽게 말해서 그대를 사랑하시는 하나님이 그대를 위해서 직접적으로 주신 것은 '교회'입니다. 그러나 아쉬운 건 그대는 이 교회의 가치를 너무 가볍게 생각합니다. 어디를 가도 교회가 많으니 말입니다.

그러나 진지하게 그대에게 이야기를 합니다. 그대는 좋은 교회를 찾고 찾아야 합니다. 어쩌면 거기서부터 그리스도인의 '관계'의 힘이 살아나고 세워지고 충전되는지 모르겠습니다. 좋은 교회에 대한 기준은 매우 다양합니다. 그 기준이 설교일 수도 있고, 찬양집회일 수도 있고, 어린이 예배 환경일 수도 있고, 교회 식당일 수도 있고, 주차장일 수도 있고, 화장실일 수도 있습니다. 그러나 적어도 '교회'라는 원색적인 의미를 찾는다면, 좋은 교회란 '공동체성'이 살아있는 교회입니다. 그 공동체성이란, 집단 이기주의가 아닙니다. 그 공동체성이란, 모든 구성원들이 서로 깊이 사랑하고, 더 깊이 보듬고, 서로의 연약함과 영악함을 품어주는 성질입니다. 한 사람의 열 걸음이 아니라, 열 사람의 한 걸음을 추구하는 교회가 아름다운 공동체성입니다.

물론 조국 교회를 생각할 때, 너무 예배 자체에 집중력을 갖게 되어 한편으로 아쉽기도 합니다. 이제는 예배를 더 진화시켜, 콘서트나 연주회, 혹은 뮤지컬의 플랫폼platform을 가지고 오는 것 같기도 합니다. 이 모든 것이 현대적인 요구라고 말하지만, 저 구석에서부터 올라오는 의문도 여전히 존재합니다. 그건 점점 성도의 교제Sanctorum Communio

가 사라지고 있다는 것이죠. 사실 유장한 강물과 같이 빛나는 교회의 역사는 예배와 더불어, 성도들이 서로 사랑하는 공동체성에 있습니다. 순전한 마음으로 함께 떡을 떼고, 고결한 마음으로 서로의 발을 닦아주고, 자신의 재산을 팔아 각 사람의 필요를 채워주는 사랑의 공동체성 말입니다.

이런 교회가 좋은 교회입니다. 분명히 교회는 미학 aesthetics의 요소가 있습니다. 이 미학은 건물의 외형이 아닙니다. 예수님은 이런 걸 비판하셨습니다. 예수님이 추구한 미학은, 교회의 구성원들이 아름다움을 만들어가고 추구하는 미학입니다. 어떤 의미에서 그런 아름다움의 완성이 구원의 완성인지도 모르겠습니다. 본디 구원받은 성도는 아름다워야 하는 법이니까요. 그러나 그 미학은 언제 했는지 기억도 못하는 오래된 선행, 선심, 선함들이 만들어낸 역사입니다. 마치 우리가 가진 가장 멋지고 빼어난 것들 덕분에 구원을 받는 것이 아니라, 그분의 가장 멋지고 빼어난 것들로 인해서 구원을 받는 것처럼요. 아름다움을 만들어가고 있는 교회가 좋은 교회입니다.

만약 그대가 가나안 성도라면, 이런 교회를 찾아야 합니다. 온 에너지를 쏟아서 이런 교회를 찾아야 합니다. 이런 교회는 존재하지 않는다고 처음부터 단정하지 마십시오. 찾을 때까지 찾아야 합니다. 지구를 수천 바퀴 돌아서 비로소 봄이 오는 것처럼, 그대는 찾아야 합니다. 그리고 그럴 때 비로소 최초의 악수를 하는 것입니다. 아가서에서 이야기하듯, 신부와 신랑이 하나가 되는 신비의 악수죠. 그리고 그곳에서 그대도 사랑만 받는 것이 아니라, 사랑을 주기를 연습해야 합니다. 민들레 씨앗처럼, 자신을 헌신할 수 있어야 합니다.

그리스도인의 관계를 다시 한번 성찰합시다. 그대는 결국 이 세상에서 이해받을 수 있는 존재가 아닙니다. 또한 이 세상에서의 인정이 전부가 아닌 사람입니다. 그대는 교회라는 공동체에서 이해를 받고 힘을 얻고, 세상에 나아가야 하는 존재입니다. 이 당연한 섭리를 거부해서는 안 됩니다. 그러나 그것이 단순히 '설교'로만 가능한 것이 아닙니다. 내 이웃을 내 몸과 같이 사랑하는, 성도의 교제와 공동체성에서 가능한 것입니다.

잊지 마십시오. 악마는 그대를 망치기 위해서 피해의식을 발명했습니다. 지옥의 무한궤도는, 모든 것이 그대 잘못이라고 생각하게 되는 습관입니다. 우주에서는 그대의 비명을 들을 수 없습니다. 그러나 그대의 여린 한숨에도 깊이 반응하는 교회가 있습니다. 분명 있습니다.

그대가 교회를 깊이 사랑하고, 그 공동체를 사랑할 땐, 이 세상이 다르게 읽힙니다. 가없이 넓게 펼쳐진 저 하늘도, 세상을 비취는 빛도, 불어오는 시원한 바람도, 온 세상의 물을 다 받아들이는 바다도, 다 하나님께 속해 있는 신비임을 깨닫게 됩니다. 무정하기 이를 데 없었던 세상이, 돌연 신비에 찬 섭리의 세상으로 바뀝니다. 그럴 때 그대가 마주한 세상은 더 이상 무정한 곳이 아니라, 하나님이 머무시는 거룩한 땅이 됩니다.

이 모든 원초적인 변화는, 그대의 긍정의 힘으로 이루어지는 것이 아닙니다. 교회라는 세계를 통해서 가능한 것입니다. 그러니, 마음을 다하고 목숨을 다하고 뜻을 다해서 교회도 사랑하길 다시 한번 강조합니다. "네 교회를 사랑하라." 이만큼 적절한 지상명령도 없습니다.

나의 친애하는 적들에게,
내가 혼자가 아니라는 것을 보여줍시다.[5]

---

5 나에게 교회가 있다는 것을 보여줍시다. 만약 그대가 아무리 그런 교회를 찾아도 찾지 못했다면, 감히 제가 개척한 교회를 추천해봅니다. 교회 이름은 〈우.리.가.본.〉교회입니다. 소속은 기독교대한성결교회입니다. 교회 이름의 뜻은 우리가 성경에서 보았던 교회는 '지금까지도 그리워하고 앞으로도 추구할 교회다'라는 의미로 탄생했습니다. 영등포구 신길로 165 3층에 위치해 있고, 오후 3시에 예배를 드립니다. 적어도 우리가본교회는, 지금까지 제가 설명한 교회론에 자신 있는 교회입니다. 예배와 더불어 성도의 교제와 공동체성의 미학을 추구하는 교회입니다.

관계

초판 1쇄 발행	2023년 2월 6일
지은이	김일환
펴낸이	여진구
책임편집	안수경 김도연
편집	이영주 박소영 최현수 김아진 정아혜
책임디자인	이하은 ㅣ 마영애 노지현 조은혜
홍보 · 외서	진효지

마케팅	김상순 강성민 허병용	마케팅지원	최영배 정나영
제작	조영석 정도봉	경영지원	김혜경 김경희 이지수

303비전성경암송학교 유니게과정 박정숙
이슬비전도학교 / 303비전성경암송학교 / 303비전꿈나무장학회

펴낸곳 규장

주소 06770 서울시 서초구 매헌로 16길 20(양재2동) 규장선교센터
전화 02)578-0003 **팩스** 02)578-7332
이메일 kyujang0691@gmail.com **홈페이지** www.kyujang.com
페이스북 facebook.com/kyujangbook **인스타그램** instagram.com/kyujang_com
카카오스토리 story.kakao.com/kyujangbook
등록일 1978.8.14. 제1-22

ⓒ 저자와의 협약 아래 인지는 생략되었습니다.
이 출판물은 저작권법에 의해 보호를 받는 저작물이므로 무단 전재와 무단 복제를 할 수 없습니다.

책값 뒤표지에 있습니다.
ISBN 979-11-6504-405-3 03230

규 ㅣ 장 ㅣ 수 ㅣ 칙

1. 기도로 기획하고 기도로 제작한다.

2. 오직 그리스도의 성품을 사모하는 독자가 원하고 필요로 하는 책만을 출판한다.

3. 한 활자 한 문장에 온 정성을 쏟는다.

4. 성실과 정확을 생명으로 삼고 일한다.

5. 긍정적이며 적극적인 신앙과 신행일치에의 안내자의 사명을 다한다.

6. 충고와 조언을 항상 감사로 경청한다.

7. 지상목표는 문서선교에 있다.

> 하나님을 사랑하는 자 곧 그의 뜻대로 부르심을 입은 자들에게는 모든 것이 合力하여 善을 이루느니라(롬 8:28)

규장은 문서를 통해 복음전파와 신앙교육에 주력하는 국제적 출판사들의
협의체인 복음주의출판협회(E.C.P.A:Evangelical Christian Publishers
Association)의 출판정신에 동참하는 회원(Associate Member)입니다.